마음의 평화에 이르는 길

제임스 앨런의 생각 시리즈 ♠4

THE WAY OF PEACE

마음의 평화에 이르는 길

제임스 앨런 지음 · 고명선 옮김 · 김미식 그림

도서출판 물푸레

옮긴이 | 고명선

고명선은 서울대학교 심리학과를 졸업하고, 동 대학원에서 종교학 석사 학위를 받았으며, 종교학 박사 과정을 수료했다. 명상요가회 동아리에서 활동하면서부터 명상에 관심을 갖게 된 이후 지금까지 동서양의 명상 전통을 폭넓게 공부해왔다. 역서로는 『상자 안에 있는 사람, 상자 밖에 있는 사람』, 『당신이 어디를 가든 거기엔 당신이 있다』, 『생각하는 모습 그대로 II』가 있다.

그림 | 김미식

김미식은 1958년 여주에서 태어나 자신만의 그림 세계를 열정적으로 펼쳐가고 있으며, 그동안 다수의 개인전과 그룹전을 열었다. 주요 개인전을 보면 2005년 인사아트센터, 2005년 뉴욕 첼시아트센터, 2006년 KBS 등이 있으며 2009년 5월 1일 일본 동경에서 기획전이 열린다. 또한 도서출판 물푸레와 공동으로 '영국이 낳은 신비의 작가 제임스 앨런과 여류화가 김미식의 현대미술의 만남'이란 주제로 《제임스 앨런 생각시리즈》를 진행하고 있다.

마음의 평화에 이르는 길

지은이 | 제임스 앨런
옮긴이 | 고명선 그림 | 김미식
펴낸이 | 우문식
펴낸곳 | 도서출판 물푸레

초판 1쇄 인쇄 2009년 3월 10일
초판 1쇄 발행 2009년 3월 15일

등록번호 | 제 1072-25호
등록일자 | 1994년 11월 11일
경기도 안양시 동안구 호계 1동 950-51
TEL | (031)453-3211, FAX | (031)458-0097
e-mail | mpr@mulpure.com
homepage | www.mulpure.com

이 책의 한국어판 저작권은 베스툰코리아를 통하여
데보스출판사와 계약한 물푸레에 있습니다.
저작권법에 의하여 보호받는 저작물이므로
사전 허락 없는 무단 전재나 복제를 금합니다.

값 6,900원

ISBN 978-89-8110-265-4 04840
ISBN 978-89-8110-261-6 (세트)

차례

제임스 앨런에 대하여 _ 6

명상의 힘 _ 14
자아와 진리라는 두 주인 _ 34
정신적인 힘 획득하기 _ 56
사심 없는 사랑의 실현 _ 70
신神의 무한無限 속에 들어가기 _ 96
성인, 현자 그리고 구세주 : 봉사의 법칙 _ 114
완전한 평화의 실현 _ 132

제임스 앨런에 대하여

제임스 앨런은 20세기의 '신비의 문인'으로 불린다. 그의 베스트셀러인 고전 『생각하는 그대로 As a man Thinketh』가 전세계 1,000만 명 이상의 독자들에게 알려졌지만, 정작 이 책의 저자인 그에 대해서는 별로 알려진 게 없다.

제임스 앨런은 1864년 영국 레스터에서 태어났으며 어릴 때 그의 아버지를 따라 미국으로 갔다. 그의 아버지는 유복한 사업가였지만 좋지 않은 경제상황 때문에 1878년 파산했고, 그 다음해 비참하게 살해

당했다. 이러한 가정환경 때문에 제임스 앨런은 15세 때부터 그의 가족을 위해 일하지 않으면 안 되었다. 앨런은 결국 결혼했고, 영국 거대기업의 행정을 다루는 개인 서기관이 되었다.

38세에 그는 인생의 갈림길에 도달했다. 톨스토이의 저작들에 의해 영향받은 앨런은 돈을 벌고 소비하는 데 모든 것을 바치는 경박한 행위가 의미 없는 삶이라는 것을 깨닫기 시작하였다. 그는 직장에서 은퇴하고, 묵상의 삶을 수행하기 위해 영국 남서부

연안에 있는 작은 시골집으로 이사를 했다. 여기 해안의 골짜기에서 앨런은 그의 스승이였던 톨스토이의 교훈대로 자발적인 빈곤, 영적인 자기 훈련 그리고 검소한 삶을 통해 자신의 꿈을 수행했다.

앨런은 성경 말씀 속에 빛나는 지혜를 마음 깊이 새겼을 뿐 아니라, 동양의 고전에서 많은 깨달음을 얻었다. 글쓰기와 명상, 그리고 소일거리로 정원 가꾸는 일을 하면서 정신적인 삶을 영위할 수 있는 토양을 마련하였다.

전형적인 앨런의 하루는 아침 일찍 일어나고, 한 시간 넘게 명상을 위해 그곳에 머물렀던 바다가 내려다 보이는 절벽을 산책하는 것이었다. 그러한 가운데 눈에 띄지 않는 거미집처럼 그의 영적인 비전은 고양되고, 그가 알려고 하지 않아도 우주의 비밀이 눈앞에 펼쳐졌다. 고요한 이러한 감동들은 내부에 기억되었다. 그는 집으로 돌아온 후에, 종이에 자신이 느낀 단상들을 기록했다. 오후에는 정원을 돌보는 일에 매진했고 저녁에는 고상한 철학적 논점을 논쟁하길 원하는 마을 사람들과의 친교를 나눴다.

10년 동안 앨런은 묵상과 사색적인 삶을 살았고,

그의 저작의 로얄티로부터 나오는 적은 수입으로 생활했다. 그가 48세가 되었을 때, 그는 갑자기 우리 곁을 떠났다. 그는 참으로 미지의 사람이었고, 명성에 의해 훼손당하지 않고, 운명에 의해 좌우되지 않고 그가 원했던 삶의 방식대로 살다 죽었다. 그의 작품은 후에 문학적으로 천재적이고 영적인 것으로 인정받았다. 그러나 이것은 알려지지 않은 영국의 신비주의자가 원하던 길이었다. 그가 죽은 후에 그의 영적인 통찰력은 세계로 전파되었다.

그는 자신의 책 『생각하는 그대로 As a man Thinketh』에서 "고결하고 숭고한 인격은 신의 은혜를 입거나 운이 좋아서 생긴 것이 아니다. 올바른 생각을 하려고 끊임없이 노력하고, 신과 같은 숭고한 생각을 소중하게 품어온 대가이다"라고 말하고 있다.

앨런은 다음과 같은 원칙을 깨달았다. 바로 "인간은 자신의 정신으로부터 분리될 수 없다"라는 것이다. 인간의 삶은 자신의 생각으로부터 분리될 수 없다. 마치 빛, 광채, 색상이 서로 분리될 수 없듯이, 정신과 생각은 인간의 삶과 떨어져 생각할 수 없는 것이다. 그러므로 생각을 변화시키면 사람을 변화시킬 수 있다는 결론이 나온다.

앨런의 이와 같이 심오하고 호소력 있는 내용 때문에 이 책은 지금까지 많은 사람들에게 읽혀지고 있으며, 현대 명상 문학의 원조로 알려져 있다. 이 한 권의 책을 읽고 얼마나 많은 이들이 감동받았는지 헤아릴 수 없을 정도이다. 이 책은 영어권 국가만 해도 수십 개의 출판사에서 출판하고 있으며, 그 밖의 나라에서도 번역 출판되고 있다. 이 책의 판매량은 줄잡아 1천만 권이 넘는 것으로 추측된다.

그는 19권의 저서를 남겼다.

명상의 힘

정신적인 명상은 신성神性으로 나아가는 길이다. 정신적인 명상은 속세에서 천국으로, 죄에서 진리로, 고통에서 평화로 이르는 신비의 사다리이다. 모든 성인은 이 사다리를 타고 올라갔다. 모든 죄인은 조만간 이 사다리를 올라야 하며, 자아와 세상에 등을 돌리고, 천국을 향해 결연히 마음을 정한 모든 지친 순례자들도 이 사다리의 황금빛 발판 위에 발을 내딛어야 한다. 이것의 도움 없이는 성스러운 상태, 성스러운 모습, 성스러운 평화로 발전할 수 없으며, 진

리의 시들지 않는 영광과 순수한 즐거움은 당신에게 보이지 않은 채로 남을 것이다.

명상이란 어떤 생각이나 주제에 대해, 그것을 철저히 이해하겠다는 목적을 가지고, 마음속으로 아주 깊이 생각하는 것이다. 그런데 당신이 자신에 대해 어떤 주제를 가지고 끊임없이 명상을 하면 그것이 무엇이든 간에 결국 이해하게 될 뿐만 아니라 당신은 점점 더 그것과 비슷하게 닮아질 것이다. 왜냐하면 그 생각이 당신의 존재 안에 합쳐질 것이고, 실제

로는, 바로 당신 자신이 될 것이기 때문이다. 그러므로 이기적이고 타락한 생각을 계속해서 하는 사람은 결국 이기적이고 타락한 존재가 된다. 또한, 순수하고 이타적인 생각을 끊임없이 하는 사람이라면 틀림없이 순수하고 이타적인 존재가 된다.

당신이 가장 자주 그리고 가장 몰두해서 생각하는 것, 즉 고요한 시간에 당신의 영혼이 가장 자연스럽게 주의를 기울이는 생각이 무엇인지 말해 보라. 그러면 나는 당신이 여행하고 있는 고통의 장소 또는 평화의 장소가 어디인지, 그리고 당신이 신의 모습과 닮아 가는지 짐승의 모습과 닮아 가는지 말해 주겠다.

자신이 가장 자주 생각하는 것의 특성이 그대로 구체화되는 것은 어쩔 수 없는 경향이다. 그러므로 명상의 대상을 낮은 것이 아닌 높은 것으로 끌어올려라. 그러면 그것을 생각할 때마다 당신은 정신적으로 높아질 것이다. 명상의 대상을 순수하게 하고, 이기적인 요소와 섞이지 않도록 하라. 그러면 당신의 마음은 정화되고 진리에 가까워질 것이며, 더 이상 희망 없이 죄에 빠져 들거나 더럽혀지지 않을 것이다.

성장의 비결은 명상이다

심사숙고를 한다는 지적인 의미의 명상이 아닌, 정신적 의미에서의 명상은 정신적 삶과 인식에서 이루어지는 모든 성장의 비결이다. 모든 예언자, 현인, 구세주는 명상의 힘으로 그런 존재가 된 것이다. 부처는 "내가 진리이다"라고 말할 수 있을 때까지 진리에 대해 명상했다. 예수는 "나와 내 아버지는 하나이니라"라고 마침내 선언할 수 있게 될 때까지 신神의 내재성에 대해 골똘히 생각했다.

성스러운 실재에 초점을 둔 명상은 기도의 본질이자 생명이다. 그것은 영혼이 하나님을 향해 조용히 다가가는 행위이다. 명상이 없이 단지 간청만 하는 기도는 영혼이 없는 육체와 마찬가지며, 정신과 마음으로 하여금 죄와 고통을 넘어서게 할 힘도 없다. 만약 당신이 지혜를 달라고, 평화를 달라고, 더욱 고결한 순수를 달라고, 그리고 진리를 더 완전히 실현하게 해 달라고 매일 기도하는 데도 당신이 기도한 내용이 여전히 하나도 이루어지지 않고 있다면, 그것은 당신이 기도하는 내용과 동떨어진 생각과 행동을 하면서 산다는 것을 의미한다. 당신이 받을 자격

이 없는 것을 내려 달라고 기도하거나, 당신이 다른 이에게 사랑과 동정을 베풀지 않는데도 당신에게 사랑과 동정을 베풀어 달라고 신에게 요청하지 않고 진리의 정신으로 생각히고 행동하기 시작한다면, 당신은 흠 없는 진실을 향해 하루하루 성장해 나갈 것이며, 결국 그 진실과 하나가 될 것이다.

정신적인 재산도 노력을 필요로 한다

세속적인 이익을 얻으려고 하는 사람은 그것을 위해 열심히 노력해야 한다. 노력은 하지 않은 채 단지 요청만 하면 이익이 들어올 것으로 기대하는 사람은 정말로 어리석은 사람이다. 노력을 하지 않고도 신성한 정신적 재산을 얻을 수 있다는 헛된 망상을 버려라. 진리의 왕국에서 열심히 일하기 시작할 때만 생명의 양식을 먹게 될 수 있을 것이며, 인내심을 가지고 불평하지 않고 노력하면 당신이 요청한 정신적인 임금을 벌게 될 것이며 지불이 늦춰지는 일은 없을 것이다.

만약 당신이 단순한 자기 만족이 아니라 진정으로

진리를 찾으려 한다면, 그리고 온갖 세속적인 즐거움과 이익보다 진리를 더 사랑한다면, 심지어는 행복 그 자체보다도 더 사랑한다면, 당신은 진리를 찾는 데 필요한 노력을 기꺼이 할 것이다.

만약 당신이 죄와 슬픔에서 벗어나려면, 당신이 그리워하고 기도하는 완벽한 순수를 맛보려면, 지혜와 지식을 얻고 깊고 영속적인 평화를 소유하려면, 지금 명상의 길로 들어서라. 그리고 진리가 명상의 가장 중요한 대상이 되도록 하라.

처음부터 명상은 쓸데없는 몽상과 구별되어야 한다. 명상에는 꿈 같거나 비현실적인 부분이 전혀 없다. 명상은 있는 그대로의 단순한 진리 외에는 아무것도 남기지 않는 탐구 과정이자 타협하지 않는 단호한 생각이다. 이와 같이 명상을 하면, 당신은 더 이상 편견 속에서 자신을 확립시키기 위한 노력을 하지 않을 것이다. 그 대신 자아를 잊고 자신이 진리를 찾고 있다는 사실만을 기억하게 된다. 그리하여 당신은 지금까지 가져 왔던 그릇된 생각들을 하나씩 제거할 것이며, 당신의 그릇된 생각들이 충분히 제거되었을 때 이루어질 진리의 계시를 끈기 있게 기

다릴 것이다. 고요하고 겸손한 마음이 이루어졌을 때 당신은 다음과 같은 것을 깨닫게 될 것이다.

우리 모두의 마음속 가장 깊은 곳의 중심에
진리가 온전하게 머물고 있다. 그리고 이 진리는
거칠고 조잡한 육욕에, 겹겹이 둘러싸여 있다.
방해하고 왜곡시키는 육욕의 그물이,
이 완전하고 명료한 인식인 진리를 덮어 가리고,
모든 죄를 만들어 낸다. 그래서 깨달음은,
외부에 존재할 것으로 생각되는 빛을 억지로
구하는 데 있는 것이 아니라, 가두어진 광휘가
탈출할 수 있는 길을 여는 데 있다.

게으름에서 벗어나라

하루 중 명상을 할 시간을 선택하고, 자신의 목적을 위해 바쳐진 그 시간을 지키도록 하라. 가장 좋은 시간은 모든 것에 평안한 영혼이 깃들어 있는 이른 아침이다. 이 때는 모든 자연적인 조건이 당신에게 이롭다. 밤 동안의 오랜 단식으로 정열이 사그라지고, 전날의 흥분과 걱정은 없어졌을 것이며, 강하면서도 편안한 상태의 지성은 영적인 교훈을 잘 받아들일 것이다. 실로 당신에게 처음에 요구되는 노력 중 하나는 무기력과 방종을 떨쳐 버리는 것이다. 만약, 당신이 그것을 거부한다면 당신은 앞으로 발전할 수 없다. 정신의 요구는 피할 수 없는 명령이기 때문이다.

정신적으로 깨어 있게 되면 지적으로나 신체적으로도 깨어 있게 된다. 게으름을 피우고 방종을 일삼는 사람은 진리에 대해 아무것도 알 수 없는 사람이다. 건강과 힘을 지닌 사람이 고요한 아침의 귀중하고 평온한 시간을 졸음에 빠져 낭비한다면, 그는 천국의 고지를 오르기에 전혀 적합하지 않은 사람이다.

이른 아침의 명상

활짝 깨어 있는 의식으로 자신의 고귀한 가능성을 자각하게 된 사람, 세상을 둘러싸고 있는 무지의 어둠을 떨쳐 버리기 시작한 사람은 밤새도록 빛나던 별이 사라지기 전에 잠에서 일어나며, 잠자고 있는 세상이 꿈을 꾸는 동안 자신의 영혼 내부에 있는 어둠과 맞붙어 싸우면서, 신성한 열망을 통해 진리의 빛을 알아보기 위해 애써 노력한다.

위대한 자들이 다다르고 머물렀던 높은 경지는
갑작스런 도약으로 오를 수 있었던 것이 아니다.
동료들이 자고 있는 밤 시간에도 그들은
향상하기 위해 많은 노력을 기울였던 것이다.

　일찍이 모든 성인, 성자, 그리고 진리의 스승은 아침에 일찍 일어났다. 예수는 아침에 습관적으로 일찍 일어나서 적막한 산을 올라가 신神과 성스러운 교제를 나누었으며, 부처는 항상 해뜨는 시각 이전에 일어나서 명상에 몰두하였고, 부처의 제자들도 모두 똑같이 하도록 명을 받았다.
　만약 당신이 아주 이른 시각부터 그 날 일을 시작해야 하고, 따라서 이른 아침에 체계적인 명상을 할 수 없는 상황이라면, 밤에 시간을 내도록 하라. 당신이 하는 하루 일의 양과 노동의 강도 때문에 그것이 불가능하다 해도 절망할 필요는 없다. 당신이 지금 아무런 목적 없이 낭비하고 있는 한가한 시간들을 활용하거나 일하는 사이사이에 명상을 실천할 수도 있기 때문이다. 그리고 만약 당신이 하는 일이 많은 반복과 연습 끝에 저절로 할 수 있는 기계적인 일이라면 일을 하고 있는 동안에도 명상을 할 수 있다. 유명한 기독교 성자이자 철학자인 야콥 뵈메Jacob Boehme는 제화공으로서 하루에 많은 시간을 일하면서도 엄청난 양의 신비스러운 지식을 얻었다. 모든 사람의 삶 속에는 생각할 시간의 여유가 나름대로 있으며, 아무리 바쁘고 일이 많은 사람이라고 해도 열망과 명상의 기회로부터 완전히 차단되어 있지는 않다.

명상은 힘을 증가시킨다

정신적인 명상과 자기 훈련은 따로 떼어 생각할 수 없다. 그러므로 당신은 당신 자신을 조사하고 이해하게 되도록 스스로에 대해 명상을 하기 시작할 것이다. 당신이 계획할 위대한 목표는 자신의 모든 그릇된 생각을 완전히 제거함으로써 진리를 깨닫는 것이기 때문이다. 당신은 자신의 동기, 생각, 행동에 대해 의문을 갖기 시작하고, 그것들을 자신의 이상과 비교하고, 냉정하고 편견이 없는 눈으로 그것들을 바라보기 위해 노력할 것이다. 이런 방법으로 당신은 정신적, 영적 안정 상태를 계속해서 더 잘 실현하게 된다. 사람은 이 안정 상태가 없이는 삶의 바다 위에 떠 있는 하찮은 지푸라기에 지나지 않는다. 만약 당신이 증오나 분노에 자주 빠지는 상태라면, 당신은 자신의 가혹하고 어리석은 행동을 예리하게 알아차리기 위해 친절과 용서에 대해 명상할 것이다. 그러면 당신은 사랑과 친절, 용서의 생각 속에 머무르기 시작할 것이다. 그리고 당신이 고상한 생각으로 저속한 생각을 극복해 낼수록, 당신의 마음속에는 성스러운 사랑의 법칙에 대한 이해가 당신도 모르게 점점 스며들고, 이와 동시에 삶과 행위에 관한 온갖 복잡한 문제에 이 법칙이 관계되어 있다는 것을 이해하게 될 것이다. 그리고 이 지식을 당신의 모든 생각과 말과 행위에 적용시켜 가는 동안, 당신은 점점 친절해지고, 사랑스러워지고, 성스러워질 것이다. 그리하여 모든 죄, 모든 이기적 욕망, 모든 인간적 나약함이 명상의 힘으로 극복된다. 그리고 죄와 그릇된 생각을 하나씩 몰아낼 때마다 점점 더 찬란하고 더 깨끗한 진리의 빛이 순례하는 영혼을 비춘다.

이와 같이 명상을 한다면, 당신은 자신의 유일한 진짜 적인 이기적이고 무너지기 쉬운 자아에 대항해서 당신 자신을 끊임없이 강화하게 되며, 진리와 떨어질 수 없는 신성한 불멸의 자아 속에 점점 더 확고히 당신 자신을 확립하게 된다. 명상의 직접적인 효과는 삶이라는 전투 속에서 당신이 믿고 의지할 수 있는 휴식처인 고요한 정신적 힘이다. 성스러운 생각에서 나오는 극복의 힘은 대단한 것이며, 고요한 명상의 시간 속에서 얻는 힘과 이해는 다툼, 슬픔, 또는 유혹의 시기에 힘이 되어 주는 기억으로 당신의 영혼을 풍요롭게 할 것이다.

명상의 힘에 의해 지혜가 커질수록, 당신은 변덕스럽고, 일시적이고, 슬픔과 고통을 낳는 이기적 욕구를 점점 더 단념할 것이다. 그리고 확고부동한 신념과 믿음이 커짐에 따라 당신은 불변의 원리 위에 가치관을 정립할 것이며, 거룩한 평온을 깨달을 것이다.

영원한 원리를 신뢰하라

명상의 효과로 얻는 것은 영원한 원리와 법칙에 대한 깨달음이며, 명상의 결과로 생기는 힘은 그러한 원리와 법칙을 믿고 따를 수 있는 능력이며, 이 능력으로 신과 일체가 된다. 그러므로 명상의 목적은 진리, 신에 대한 직접적인 이해이며 신성하고 심오한 평화의 실현이다.

현재, 당신이 자리하고 있는 윤리적 토대로부터 명상을 시작하라. 당신은 꾸준한 인내를 통해 진리를 향해 성장해야 한다는 사실을 기억하라. 당신이 정통파 기독교인이라면 예수 인격의 흠 없는 순수성과 신성한 덕에 대해 끊임없이 명상하라. 그리고 예수의 모든 가르침을 당신의 내적 삶과 외적 행동에 적용시켜서 예수의 완전함에 점점 더 가까운 모습으로 닮아 가라. 진리의 법칙에 대해 명상하지 않고 예수 그리스도의 가르침을 실천하지도 않으면서 형식적인 예배에 만족하고, 자신들의 특정 교리에만 집착하고, 끊임없이 이어지는 죄와 고통 속에 머무르는 그런 기독교인이 되지는 마라. 명상의 힘으로, 편파적인 신神이나 교파敎派의 교리에 대한 이기적인 집착,

이미 쓸모 없어진 절차와 생명이 없는 무지에서 벗어날 수 있도록 노력하라. 이런 식으로 순수한 진리에 정신을 집중시키고 지혜의 길을 걷는다면, 당신은 진리의 실현에 못 미치는 불완전한 상태에 사로잡혀 발전을 멈추는 일이 없을 것이다.

진지하게 명상을 하는 사람은 처음에는 진리를 어렴풋이 파악하고, 그런 다음 매일 실천함으로써 진리를 깨닫게 된다. 진리의 가르침을 알 수 있는 사람은 오직 진리의 말씀을 실천하는 사람뿐이다. 왜냐하면 순수한 생각에 의해 진리를 감지하게 된다 하더라도, 실천을 통해서만 진리가 실현되기 때문이다.

부처가 가르친 다섯 가지 중요한 명상

부처는 이렇게 말했다. "허영에 빠져서 인생에 진정한 도움이 되는 것을 잊은 채 쾌락만 좇으면서 명상을 등한시하는 사람은 명상을 위해 노력한 자를 부러워할 때가 올 것이다." 그리고 부처는 제자들에게 다음과 같은 '다섯 가지 중요한 명상'을 가르쳤다.

첫째, 명상은 사랑의 명상이다. 이 명상에서는 자기 원수의 행복도 포함해서 모든 존재의 행복과 번영을 간절히 바라도록 마음을 조절한다.

둘째, 명상은 연민의 명상이다. 이 명상에서는 괴로움을 느끼는 모든 존재를 생각하고 그들의 슬픔과 근심을 자신의 상상 속에 생생히 떠올려서 그들에 대한 깊은 동정심이 마음속에서 일어나도록 한다.

셋째, 명상은 기쁨의 명상이다. 이 명상에서는 다른 이들의 성공과 번영을 생각하고 다른 이들의 기쁨을 함께 기뻐한다.

넷째, 명상은 불순함에 대한 명상이다. 이 명상에서는 타락의 나쁜 결말, 죄와 질병의 결과를 깊이 생각한다. 또한 순간의 쾌락이 얼마나 하찮은지, 그리고 그 결말은 얼마나 치명적인지를 깊이 느낀다.

다섯째, 명상은 평정에 대한 명상이다. 이 명상에서는 사랑과 미움, 학대와 억압, 부와 가난을 초월하고, 자신의 운명을 편견 없는 냉정함과 완벽한 평정심을 가지고 바라본다.

고귀한 열망을 가져라

 이러한 명상을 통해서 부처의 제자들은 진리를 깨닫게 되었다. 그러나 당신의 목표가 진리인 한, 당신이 진정으로 갈망하는 것이 성스러운 마음과 결백한 삶인 한, 이러한 특정 주제의 명상을 하든 하지 않든 그것은 별로 중요하지 않다. 그러므로 당신이 명상을 할 때는, 당신이 모든 증오, 격정, 비난에서 벗어나 온 세상을 사려 깊은 애정으로 껴안을 때까지, 한없이 넓어지는 사랑으로 당신의 마음이 자라나고 확장되게 하라. 꽃이 아침의 햇빛을 받아들이기 위해 꽃잎을 피우듯이, 당신의 영혼이 진리의 영광스러운 빛을 더욱더 많이 받아들이도록 마음을 열라. 열망의 날개를 타고 위로 높이 솟아올라라. 아무것도 겁내지 말고 가장 고귀한 가능성을 믿으라. 완전히 온화한 마음으로 사는 삶이 가능하다는 것을 믿으라. 티 없이 순수한 삶이 가능하다는 것을 믿으라. 완벽히 거룩한 삶이 가능하다는 것을 믿으라. 최고의 진리를 깨닫는 일이 가능하다는 것을 믿으라. 그렇게 믿는 사람은 천국의 언덕을 빠르게 오르는 반면, 믿지 않는 사람은 안개로 뒤덮인 계곡에서 어둠 속을 고통스럽게 더듬으며 헤매게 된다.

그렇게 믿고, 그렇게 열망하고, 그렇게 명상을 한다면 당신은 지극히 감미롭고 아름다운 정신적 경험을 하게 되며, 당신의 정신적 시야를 황홀하게 만들 영광스러운 계시를 받게 된다. 당신이 신의 사랑, 신의 정의, 신의 순수, 완전한 선의 법칙, 또는 신을 깨닫게 되면 당신의 행복은 굉장할 것이며, 당신의 평화는 깊을 것이다. 오래된 것들은 사라질 것이며, 모든 것이 새로워질 것이다. 죄인의 눈에는 두껍고 불투명하게 보이면서도 진리의 눈에는 얇고 투명하게 보이는 물질적 우주의 베일이 벗겨지고 정신적 우주가 드러날 것이다. 시간은 멈출 것이며 당신은 영원 속에서만 살 것이다. 변화와 죽음의 운명은 더 이상 당신에게 근심과 슬픔을 일으키지 못할 것이다. 당신은 불변의 세계에 정착할 것이며 영원한 생명의 가장 중심부에 머무를 것이기 때문이다.

지혜의 별

비슈누, 크리슈나, 붓다, 예수의

탄생을 알리는 별이여,
밤의 어둠 속에서
별빛 없는 한밤중의 어둠 속에서
그대가 빛나기를 기다리면서
하늘을 바라보는 현자들에게,
그대는 정의의 왕국이 도래함을 예고하고,
신성神性이 겸손하게
정열의 마구간에,
지성과 감정의 여물통에
태어난 신비스런 이야기를 전해 주며,
슬픔으로 괴로워하는 마음에게
지친 채 기다리고 있는 영혼에게
깊고 성스러운 동정심의 비밀을
고요히 노래한다.
가장 밝게 빛나는 별이여
그대는 한밤중의 어둠을 다시 빛으로 장식한다.
종교적인 신조의 어둠 속에서 세상을 보는,
그릇된 생각의 칼날로 서로 괴롭히는
끝없는 교리 논쟁으로 지친,
형식만 남은 종교의

생명 없고 쓸모 없는 우상에 지친,

그대의 빛을 기다리다가 지쳐 버린,

현자들은 그대에게서 위로를 받고 기운을 되찾는다.

그대는 그들의 절망을 끝냈다.

그대는 그들의 길을 밝혀 주었다.

그대를 간절히 기다리는 사람들의 마음에

그대를 사랑하는 자들의 영혼에

그대는 고대의 진리를 다시 가져다 주었다.

그대는 슬픔에서 나오는

기쁨과 즐거움과 평화를 이야기한다.

밤중의 지친 방랑자들 중에,

그대를 볼 수 있는 사람들은 복되다.

그대가 비추는 위대한 빛의 힘에 자극 받아

자신의 내면에서 각성된 깊은 사랑의 약동을

가슴 속에서 느끼는 사람들은 복되다.

우리가 그대의 교훈을 참되게 배우게 하라.

그것을 성실하고 겸손한 자세로 배우도록,

그것을 유순하게, 현명하게, 기쁘게 배우도록.

거룩한 비슈누의 옛 별이여,

크리슈나, 붓다, 예수의 빛이여.

자아와 진리라는
두 주인

　영혼의 주권을 차지하기 위하여, 마음의 왕권과 지배권을 위하여, 두 주인이 영혼의 싸움터에서 항상 싸우고 있다. 그 두 주인은 '이 세상의 군주'(성경에서 악마를 '이 세상의 군주' the Prince of this world라고 표현한 것을 인용한 것임: 역자 주)라고도 불리는 자아와 하나님 아버지라고도 불리는 진리이다. 자아는 격정, 자존심, 탐욕, 허영심, 아집, 그리고 어둠의 도구들을 무기로 가지고 있는 반역의 주인이며, 진리는 친절, 인내, 순수, 희생, 겸손, 사랑, 그리고 빛의 도구들을

무기로 가지고 있는 온유하고 겸손한 주인이다.

모든 인간의 마음속에서 그 전투가 벌어지고 있는데, 한 명의 병사가 서로 적대하고 있는 두 군대에 동시에 가담할 수 없듯이, 모든 영혼은 자아의 군대 아니면 진리의 군대에 소속되어 있다. 이도저도 아닌 중간은 없다. 진리의 스승인 부처는 이렇게 말했다. "자아와 진리는 화합할 수 없다. 자아가 있는 곳에는 진리가 없으며, 진리가 있는 곳에는 자아가 없다." 또, 예수 그리스도는 말했다. "아무도 두 주인을 섬

길 수는 없다. 한 편을 미워하고 다른 편을 사랑하거나 한 편을 존중하고 다른 편을 업신여기게 된다. 너희는 하나님과 부_富의 신을 동시에 섬길 수 없다." 진리는 너무도 단순하고 정도_{正道}에서 결코 벗어나지 않으며 타협하지 않기 때문에, 복잡성이나 굴곡, 제한의 여지가 전혀 없다. 반면에 자아는 교묘하고, 비뚤어져 있고, 교활하고 음흉한 욕구에 의해 지배되며, 끝없는 굴곡과 제한의 여지가 있다. 미혹되어 자아를 숭배하는 자들은 자신이 모든 세속적 욕망을 만족시키는 동시에 진리도 소유할 수 있다고 헛되이 상상한다. 그러나 진리를 사랑하는 자들은 자아를 희생하여 진리를 섬기며, 자기 마음이 세속과 이기주의에 빠지지 않도록 끊임없이 주의한다.

진리를 위한 희생

그대는 진리를 깨닫고 진리를 실천하고자 하는가? 그렇다면 그대는 최대한도로 자아를 희생하고 포기할 준비가 되어 있어야 한다. 자아의 마지막 흔적까지 사라진 뒤에야 진리의 영광을 온전히 감지하고 알아볼 수 있기 때문이다.

예수 그리스도는 자신의 제자가 되려는 자는 "매일 자신을 부정해야" 한다고 단언했다. 당신은 자신을 부정하고, 자신의 욕망과 편견과 의견을 기꺼이 포기할 용의가 있는가? 만약 그렇다면, 당신은 진리의 좁은 길에 들어설 수 있고 세상으로부터 격리되어 있는 평화를 찾을 수 있다. 자아의 절대적인 부정과 전적인 소멸은 완벽한 진리의 상태이며, 모든 종교와 철학은 이 최고의 성취를 돕는 수단일 뿐이다.

자아는 진리의 부정이다. 진리는 자아의 부정이다. 당신이 자아를 죽게 한다면, 당신은 진리 안에서 다시 태어날 것이다. 당신이 자아에 집착한다면, 진리는 당신에게 보이지 않을 것이다.

당신이 자아에 집착하는 한 당신의 앞길은 험난할 것이며, 반복되는 고통, 슬픔과 실망이 당신의 몫이 될 것이다. 그러나 진리 안에는 어떤 어려움도 없다. 당신이 진리에 귀의하면, 모든 슬픔과 실망으로부터 자유로워질 것이다.

진리는 본래 감춰져 있거나 모호한 것이 아니다. 진리는 항상 드러나 있으며 완전히 투명하다. 그러

나 맹목적이고 외고집인 자아는 진리를 알아볼 수가 없다. 한낮의 햇빛을 볼 수 없는 사람은 장님뿐이며, 자아 때문에 마음의 눈이 먼 사람들만 진리의 빛을 보지 못한다.

진리는 우주에 존재하는 단 하나의 실재實在이며, 내적인 조화, 완전한 정의, 영원한 사랑이다. 진리는 그 자체로 존재할 뿐, 어떤 것도 진리에 더하거나 뺄 수 없다. 모든 인간은 진리에 의존하지만, 진리는 누구에게도 의존하지 않는다.

자아의 눈을 통해 세상을 바라보는 동안에는 진리의 아름다움을 알아볼 수가 없다. 당신이 허영심 강한 사람이라면, 그 허영심으로 모든 대상을 왜곡시켜 바라볼 것이다. 당신이 탐욕스러운 사람이라면, 당신의 마음과 정신이 격정의 불꽃과 연기에 가려 모든 것이 일그러져 보일 것이다. 당신이 오만하고 독선적인 사람이라면, 이 세상에서 당신 의견처럼 위대하고 중요한 것은 없다고 여길 것이다.

진리의 인간과 자아의 인간을 분명하게 구별할 수 있는 특성이 하나 있다. 그것은 겸손이다. 허영과 고집, 자기 중심적인 사고에서 벗어나 있을 뿐만 아니라 자신의 의견을 무가치하다고 간주하는 것, 이것이 바로 진정한 겸손이다.

진리는 유일한 참 종교이다

자아에 빠져 있는 사람은 자신의 의견이 진리이고, 다른 사람의 의견은 오류라고 생각한다. 그러나 의견과 진리를 구별할 줄 알고 진리를 사랑하는 겸손한 사람은 모든 사람을 자비慈悲의 눈으로 바라본다. 그는 굳이 자신의 의견을 옹호하려 들지 않으며, 더 많이 사랑하기 위하여, 진리의 정신을 나타내기 위하여, 자신의 의견을 기꺼이 희생한다. 진리는 본질적으로 언어적 표현이 불가능하며, 단지 삶 속에서 실천될 수 있을 뿐이다. 가장 많은 자비심을 가진 사람이 가장 많이 진리를 소유하고 있는 것이다.

열띤 논쟁을 벌이는 사람들은 자신이 진리를 옹호하고 있다고 착각하지만, 실제로는 자신의 사소한 이익과 부질 없는 의견을 방어하고 있는 것일 뿐이다. 자아를 추구하는 자는 다른 이들을 향해 무기를 든다. 진리를 추구하는 자는 자기 자신을 향해 무기를 든다. 불변성과 영원성을 지닌 진리는 당신의 의견과 나의 의견으로부터 독립적으로 존재한다. 우리는 둘 다 진리에 들어설 수도 있고, 또는 진리의 바깥에 머무를 수도 있지만, 우리의 방어와 공격은 둘 다 불필요한 것이며 우리 자신에게 되돌아온다.

자아에 사로잡혀, 성미가 급하고, 오만하며, 남을 탓하는 사람들은 그들의 특정한 신조나 종교만이 진리이며 그 밖의 모든 종교는 미신이라고 믿는다. 그리하여 그들은 격정적으로 전도를 한다. 그러나 세상에는 단 하나의 종교, 즉 진리의 종교 밖에 없다. 또 세상에는 단 하나의 죄, 즉 자아의 죄밖에 없다. 진리는 형식적인 신앙이 아니라, 거룩한 열망을 품고 있는 이타적이고 신성한 마음이다. 진리를 지닌 자는 모든 사람과 사이좋게 지내며, 사랑의 마음으로 모든 사람을 소중히 대한다.

스스로의 정신과 마음, 행위를 조용히 검토해 보면, 자신이 진리를 숭배하고 있는지 아니면 자아를 숭배하고 있는지 쉽게 알 수 있다. 당신은 의심, 적의, 질투, 정욕, 자만의 생각을 품고 있는가? 아니면 그런 생각에 맞서 치열하게 싸우고 있는가? 만약 당신이 전자의 경우라면, 아무리 당신이 어떤 종교를 믿고 있다고 공언해도 당신은 자아에 속박되어 있다. 만약 후자의 경우라면, 외견상으로는 당신에게 종교가 없다 해도 사실상 당신은 진리를 좇고 있다.

당신은 성미가 급하고, 고집이 세며, 자신의 목표만을 항상 추구하고, 제멋대로이며, 자기 중심적인 사람인가? 아니면 온화하고, 부드럽고, 이타적이며, 모든 방종을 끊고, 항상 자기 입장을 포기할 준비가 되어 있는 사람인가? 만일 당신이 전자라면, 자아가 당신의 주인이다. 만일 후자라면, 당신의 애정은 진리를 향하고 있다.

부를 얻기 위해 애쓰고 있는가? 당신의 정당을 위해 격정적으로 싸우는가? 권력과 지도자의 지위를 간절히 원하는가? 과시와 자만에 빠져 있는가? 아니면 부에 대한 사랑을 포기하였는가? 모든 충돌과 불화를 그만두었는가? 가장 낮은 자리를 차지하고 또 남이 알아 주지 않는 것에 만족하는가? 자신에 대해 이야기하는 습관과 자기 만족의 자만심을 버렸는가? 만일 당신이 전자의 경우라면, 신을 공경하고 있다고 스스로 생각해도 당신이 진정 섬기는 신은 자아이다. 후자의 경우라면, 당신의 입에서 신을 찬양하는 말이 흘러나오지 않아도 당신은 하나님과 함께하고 있다.

진리를 사랑하는 자를 알 수 있는 표시는 명백하다. 에드윈 아놀드 경이 번역한 명문名文 「바가바드 기타Bhagavad Gita」에서 크리슈나가 그러한 표시들에 대해 말하는 것을 들어 보자.

대담한 용기, 정직한 성품
항상 지혜를 구하려는 의지, 남에게 베푸는 손,
욕망의 절제, 신앙심과 경건한 행위,
고독한 노력에 대한 사랑, 겸손,
공정함, 어떤 생명체에게든 해를 끼치지 않으려는 조심,
진실, 화내지 않음, 다른 사람들이 귀중하게
여기는 것들을 가볍게 포기하는 마음,
침착함, 남의 잘못을 들춰 내지 않는 자비심
고통 받는 모든 존재에 대한 동정심,
스스로 만족하여 어떤 욕망에도 동요되지 않는 마음,
유순하고 신중하며 진지한 태도,
당당한 활력, 인내심, 강건함, 순결,

복수심이나 앙심이 없음, 결코 자신을 과대 평가하지 않음, 이러한 것이 그 징후이다.
오, 인도의 왕자여! 거룩한 탄생에 이르는 올바른 길을 걷는 사람을 알 수 있는 특징은 이런 것들이다.

사람들은, 죄와 자아의 비뚤어진 길에 빠져 성스러움과 진리의 상태인 '거룩한 탄생heavenly birth'을 잊었을 때, 서로를 판단할 인위적인 기준을 세우고 특정 신학을 진리의 판단 기준으로 받아들여 그것에 집착하게 된다. 그래서 사람들은 서로 분열되어 있고, 끊임없는 반목과 투쟁 그리고 끝없는 슬픔과 고통을 겪는다.

자아를 죽게 하라

독자여, 진리로 거듭나고 싶은가? 그렇다면 유일한 방법 한 가지가 있다. 자아를 죽게 하라. 지금까지 끈질기게 집착해 온 모든 정욕, 욕구, 욕망, 의견, 편협한 생각, 편견을 버려라. 더 이상 그것들이 당신을

속박하지 못하게 하라. 그러면 진리는 당신의 것이 될 것이다.

자아를 포기한다는 것은, 단지 외형적인 것들을 포기하는 것이 아니라 마음속의 죄와 그릇된 생각을 버리는 것이다. 사치스런 옷을 입지 않고, 부富를 포기하고, 어떤 음식을 삼가고, 부드러운 언어로 말한다고 해서 진리를 깨닫게 되는 것은 아니다. 그러나 허영심을 버리고, 부자가 되려는 욕심을 버리고, 제멋대로인 정욕을 절제하며, 모든 증오와 다툼, 비난과 이기적인 자세를 버리고, 마음이 친절하고 순수해지면 진리를 깨닫게 된다. 전자의 경우를 실천하고 후자를 실천하지 않는 것은 형식주의이며 위선에 불과하다. 반면에 후자는 전자를 포함한다.

당신은 외부 세계와의 관계를 끊고, 동굴이나 깊은 숲 속으로 들어가 은둔 생활을 할 수도 있지만, 이기심을 항상 지니고 있으면서 그것을 버리지 못한다면 당신의 불행은 참으로 대단할 것이며 당신의 미혹은 심각할 것이다. 당신은 바로 현재의 처지에 그대로 남아 모든 의무를 이행하면서도 내면의 적인 세속을 끊을 수가 있다. 세상 속에 있으면서도 세속적이지 않은 것이야말로 최고의 완성을 이룬 상태이고 가장 복된 평화이며, 가장 위대한 승리를 성취한 것이다. 자아를 포기하는 것은 진리로 나아가는 길이다. 그러므로

그 길에 들어서라.
증오만큼 큰 슬픔은 없고, 격정만큼 큰 고통은 없으며,
감각만큼 큰 속임수가 없으니.
그 길로 들어서라.
자신이 좋아하는 나쁜 행실 하나를 극복하여 밟고 지나간 사람은 그만큼 멀리 간 것이다.

진리의 단순성

자아를 극복하는 데 성공할 때, 당신은 사물과 현상들의 상호 연관성을 올바르게 보기 시작할 것이다. 격정, 편견, 호불호好不好의 감정에 조금이라도 동요되는 사람은 모든 현상을 그 특정한 성향에 맞춰 해석함으로써, 오로지 자신의 잘못된 생각만을 본다.

모든 격정, 편견, 편애, 편파성에서 완전히 벗어난

사람은 자기 자신을 있는 그대로 보고, 다른 사람들도 있는 그대로 보며, 사물과 현상을 대할 때도 그것들의 적절한 비율과 올바른 관계를 합리적으로 파악하며 본다. 그런 사람은 공격할 대상도, 방어할 대상도, 숨길 일도, 지켜야 할 이익도 없으므로 평화롭게 산다. 그는 진리의 심오한 단순성을 깨달았다. 정신과 마음이 이렇게 편견이 없고, 평온하고, 행복한 상태야말로 진리의 상태이다. 진리의 상태에 도달한 사람은 천사들과 함께 살며, 신이 발을 올려놓는 곳에 앉는다.

위대한 법칙을 알고, 슬픔의 근원을 알고, 고통의 비밀을 알고, 진리 안에서 해방에 이르는 길을 아는 사람은 충돌이나 비난에 관여할 수가 없다. 맹목적이고 자기 중심적인 세상이 미망의 구름에 둘러싸이고, 죄와 자아의 어둠에 덮여 흔들리지 않는 진리의 빛을 감지할 수가 없고, 자아에 대해 죽었거나 죽고 있는 마음의 심오한 단순성을 전혀 이해할 수 없다는 사실을 그는 알고 있지만 말이다. 그러나 그는 또한 고통의 시대가 오래 계속되어 슬픔의 산을 쌓아 올리고 나면, 좌절하고 괴로워하는 세계 정신soul of the world이 최후의 피난처로 도피할 거라는 사실을 알고 있다. 역사가 완성될 때, 모든 방탕아들은 진리의 집으로 돌아올 것이다. 그러므로 그는 모든 사람에게 언제나 호의를 가지며, 비릇없는 지식을 깊은 애정으로 대하는 아버지와 같은 마음으로 모든 이를 대한다.

사람들은 자아에 집착하기 때문에, 자아를 믿고 사랑하기 때문에, 자아를 유일한 현실reality로 믿기 때문에 진리를 이해할 수 없다. 그러나 자아야말로 유일한 망상인 것이다.

자아를 믿고 사랑하는 습성에서 벗어날 때, 당신은 자아를 버리고 진리를 향해 날아오를 것이며 영원한 실재實在를 발견하게 될 것이다.

고통의 끝은 진리이다

사람들이 사치, 쾌락, 허영의 포도주에 취하면 삶의 갈증은 더욱 커지고 깊어지며, 그들은 세속적인 불멸성의 꿈에 스스로 현혹된다. 하지만 그들은 스스로 뿌린 씨앗이 열매를 맺어 고통과 슬픔이 잇달

아 일어나면, 좌절하고 굴욕감을 느껴 모든 자아 도취와 사리사욕을 버리고, 아파하는 마음으로 유일한 불멸성, 즉 모든 미혹과 망상을 파괴하는 불멸성인 진리 안에서의 정신적인 불멸성을 향하게 된다.

 인간은 슬픔의 어두운 문을 통해 악에서 선으로, 자아에서 진리로 나아간다. 슬픔과 자아는 뗄 수 없는 관계이기 때문이다. 오직 진리의 평화와 행복 안에서만 모든 슬픔이 종식된다. 만약 당신이 소중히 간직해 온 계획들이 좌절되어서, 또는 누군가가 당신의 기대에 미치지 못해서 당신이 실망감을 느낀다면 그것은 당신이 자아에 집착하고 있기 때문이다. 만일 당신이 스스로의 행동을 후회하고 있다면, 그것도 당신이 자아에 집착하고 있기 때문이다. 당신을 비우호적으로 대하는 누군가의 태도 때문에 당신이 억울하고 섭섭한 감정에 사로잡혀 있다면, 그것은 당신이 자아를 소중히 간직해 왔기 때문이다. 당신이 누군가의 행동이나 말 때문에 상처를 받았다면, 그것은 당신이 고통스러운 자아의 길을 걷고 있기 때문이다.

 모든 고통은 자아에서 비롯되며, 모든 고통은 진리

로 끝을 맺는다. 당신이 진리를 깨닫고 나면, 더 이상 실망이나 후회, 회한을 겪지 않을 것이며 슬픔이 당신에게서 떠나갈 것이다.

자아는 영혼을 구속할 수 있는 유일한 감옥이다.
진리는 감옥 문을 열도록 명령할 수 있는 유일한 천사이다.
진리가 그대를 부르러 올 때,
일어나서 빨리 그를 따르라.
그의 길은 어둠 속을 가로지를 수도 있지만,
끝에 가서는 빛에 이른다.

 세상의 슬픔과 고뇌는 세상이 스스로 만든 것이다. 슬픔은 영혼을 정화시키고 영혼의 깊이를 심화시킨다. 그래서 극도의 슬픔은 진리의 전주곡이 된다.
 당신은 많이 괴로워하였는가? 깊이 슬퍼하였는가? 삶의 문제에 대해 진지하게 숙고하였는가? 만약 그렇다면, 당신은 진리의 사도가 되어 자아와 맞서 싸울 준비가 된 것이다.
 자아를 포기해야 할 필요성을 모르는 지식인들은

세계를 설명하는 장황한 이론들을 만들고 그것들을 진리라고 부른다. 그러나 당신이 정의를 실천하는 직접적인 길을 따른다면, 당신은 어떤 이론으로도 설명할 수 없는, 영원히 변치 않는 진리를 깨닫게 될 것이다.

 당신의 마음을 계발하고 연마하라. 사심 없는 사랑과 깊은 동정심으로 끊임없이 마음에 물을 주고, 사랑과 조화되지 않는 모든 생각과 느낌들을 마음속에서 몰아 내려 노력하라. 악을 선으로, 증오를 사랑으로, 냉대를 친절로 갚고, 공격 받을 때는 침묵을 지켜라. 그럼으로써 당신은 마음속의 모든 이기적 욕구들을 사랑의 순금純金으로 변화시키게 될 것이며, 자아는 진리 안에서 사라질 것이다. 그러면 당신은 겸양이라는 가벼운 멍에를 지고, 겸손이라는 성스러운 옷을 입고서 사람들 사이에서 떳떳하게 걸어다니게 될 것이다.

자아와 진리라는 두 주인
오, 지쳐 있는 형제여, 오라! 그대의 분투와 노력은

진리의 마음 안에서 끝난다.
왜, 그대는 자아의 황량한 사막에서
진리의 생명수에 목말라 이리저리 방황하고 하는가?

바로 여기에, 그대가 탐구하며 죄를 짓는 길 옆에
생명의 즐거운 시냇물이 흐르고 사랑의 오아시스가 푸르게 번성해 있다.
오라, 이리 와서 쉬어라. 종말과 시작을 알라.
탐구되는 대상과 탐구하는 주체를 알라. 보는 자와 보이는 것을 알라.

그대의 주인은 사람이 접근하기 어려운 험한 산중에 있지 않고, 공기 중에 떠오른 신기루 속에 있지도 않다.
또한 그대는 절망을 둘러싸고 있는 사막의 길에서
그의 신비한 샘을 발견하게 되지도 않을 것이다.
자아의 어두운 사막에서 그대의 왕이 남긴 향기로운 발자취를 피곤하게 탐구하는 것을 그만두라.
만약 그의 감미로운 목소리를 직접 들으려면,
공허하게 노래하는 모든 목소리에 조금도 귀를 기울이지 말라.

무상한 장소에서 도망쳐라. 그대가 가진 모든 것을 포기하라.

그대가 사랑하는 모든 것을 떠나라. 그리고 마음속 가장 깊은 곳의 성소에서 그대 자신을 발가벗긴 채 드러내라.

가장 높고 가장 거룩한, 불변의 존재가 거기에 있다.

마음속에, 침묵과 고요의 마음속에 그가 있다.

슬픔과 죄를 떠나라. 그대의 쓰라린 방황을 그만두라.

그가 그대의 영혼이 찾던 것을 말해주니,

와서 그의 기쁨을 만끽하고 더 이상 방황하지 말라.

지쳐 있는 형제여, 그대의 분투와 노력을 그만두라.

진리의 마음에서 평화를 찾으라.

자아의 어두운 사막에서 힘들게 방황하는 것을 그만두라.

오라, 진리의 아름다운 물을 마셔라.

정신적인 힘 획득하기

 대부분의 사람들은 쾌락, 흥분, 신기한 것을 추구하면서, 자신의 웃음이나 눈물을 자아낼 감동적인 체험을 항상 구하고 있다. 그리하여 힘이나 안정, 능력을 추구하지 않고 나약함을 초래하면서 자신이 이미 가지고 있는 힘까지 흩어지게 하는 일에 열심히 참여하고 있다.

 진정한 힘과 영향력을 소유한 사람은 참으로 드물다. 힘을 획득하는 데 필요한 희생을 치를 준비가 된 사람이 드물고, 끈기 있게 인격을 도야할 준비와 각

오가 된 사람은 더욱 드물기 때문이다.

  자신의 변덕스러운 생각과 충동에 동요되는 것은 나약하고 무기력해지는 길이다. 하지만 생각과 충동의 힘을 올바르게 통제하고 관리하면 강한 힘과 능력을 갖출 수 있다. 동물적 열정이 강한 사람들은 짐승의 사나운 성질을 많이 지니고 있는데, 그것은 힘이 아니다. 힘의 기본 요소가 그들에게 있기는 하지만 이 사나운 성질을 보다 차원 높은 지성으로 길들이고 제어할 때 비로소 진정한 힘이 시작된다. 그리고 인간은 점점 더 차원 높은 지성과 의식 상태를 향해 끊임없이 전진해야만 정신력이 커질 수 있다.

약한 자와 강한 자의 차이는 개인적인 의지가 얼마나 강한지에 달려 있지 않다(고집이 센 사람은 대개 나약하고 어리석다). 그 차이는 오히려 그들의 지적 상태를 나타내는 의식의 지향성에 달려 있다.

쾌락을 추구하는 사람, 흥분과 자극을 좋아하는 사람, 새롭고 신기한 것을 추구하는 사람, 충동과 히스테릭한 감정에 희생되는 사람은 영구불변의 원리에 대한 지식이 결여되어 있다. 균형 감각, 마음의 안정, 그리고 영향력은 불변의 원리에 대한 이해에서 나온다.

영구적인 업적의 기반

인간은 자신의 충동과 이기적인 성향들을 억제하면서, 마음 깊은 곳의 좀더 차원 높고 고요한 의식에 의지하여 자기 마음을 불변의 원리에 고정시키기 시작할 때, 비로소 힘을 계발하기 시작한다.

불변의 원리들을 깨닫는 것이야말로 최고의 정신

력을 갖게 되는 비결이다. 많은 탐구와 고통, 희생 뒤에 영원한 원리의 빛이 이해되기 시작하면, 성스러운 평온이 생겨나고 형언하기 어려운 기쁨이 마음을 가득 채운다.

그러한 원리를 깨달은 사람은 더 이상 방황하지 않고, 안정된 마음과 침착한 자세를 유지한다. 그는 '걱정의 노예'가 되는 것을 그만두고, 운명의 신전을 건축하는 뛰어난 장인匠人이 된다.

원리의 지배가 아닌 자아의 지배를 받는 사람은 자신의 개인적인 안락함이 위협당하면 금방 태도를 바꾼다. 그는 자신의 이익을 지키고 보호하는 데 깊이 몰두하여 그 목적에 도움이 되는 모든 수단을 정당한 것으로 간주한다. 그런 사람은 너무 자기 중심적인 나머지 자기가 스스로의 적이라는 사실을 파악하지 못한 채, 어떻게 적으로부터 스스로를 지킬 것인지에 관해 끊임없이 생각하며 산다. 그런 사람이 하는 일은 진리와 힘에서 분리되어 있기 때문에 쉽게 허사로 돌아간다. 자아에 기반을 둔 모든 노력은 실패하게 되고, 영구불변의 원리를 토대로 한 일만이 끝까지 지속된다.

원칙을 포기하지 말라

불변의 원리에 기반을 둔 사람은 어떤 상황에서도 침착하고, 담대하며, 냉정한 마음가짐을 유지한다. 시련의 시기가 와서 자신의 개인적 안락과 진리 사이에서 하나를 선택해야 할 때, 그는 자신의 안락을 포기하고 확고한 태도를 유지한다. 고통이나 죽음의 위험도 그의 뜻을 변경시키거나 단념시킬 수 없다. 자아를 중요하게 생각하는 사람은 자신의 재산이나 안락, 또는 생명을 상실하는 것을 자신에게 닥칠 수 있는 가장 큰 재난으로 여긴다. 그러나 불변의 원리를 따르는 사람은 이러한 일들을 비교적 대수롭지 않은 사건으로 여기며, 인격이나 진리를 상실하는 불행에 견줄 수 없는 것으로 본다. 그의 입장에서는, 재난으로 부를 수 있는 유일한 사건이란 진리를 저버리는 것뿐이다.

누가 어둠의 세력이고 누가 빛의 자식인지는 위기의 순간에 드러난다. 위협적인 재난, 파멸, 박해의 시대에는 염소와 양이 구별되고, 누가 진정한 힘을 가졌는지가 후세 사람들의 존경 어린 눈에 드러나게 된다.

인간은 자신의 재산을 향유하고 있는 동안에는 스스로가 평화, 형제애, 보편적 사랑의 원칙들을 믿고 있고 그것들에 충실하다고 확신하기가 쉽다. 그러나 자신의 향락이 위협 받거나 위협 받고 있다고 생각할 때는, 싸움을 시끄럽게 요구하기 시작하며 평화, 형제애, 사랑이 아닌 투쟁과 이기심과 증오를 믿고 그것들에 의지하고 있음을 보여 준다.

이 세상의 모든 것을 상실할 위험 앞에서도, 심지어는 명성과 생명이 위협 받을 때도 자신의 원칙들을 저버리지 않는 사람이 진정한 힘을 가진 자이다. 그런 사람이 하는 말은 전부 믿을 수 있고 그가 이룬 업적은 소멸하지 않으며, 영계靈界의 존재들은 그를 존경하고 숭배한다. 예수 그리스도는 자신이 믿는 성스러운 사랑의 원칙을 저버리기보다, 극심한 고통과 상실의 시간을 견뎌 냈다. 그리하여 오늘날 세상은 예수를 열렬히 숭앙하여 그가 못박힌 십자가 앞에 엎드려 경배를 드린다.

불변의 원리에 대한 깨달음은 힘을 준다

정신적인 힘을 얻는 길은 정신적 원리들에 대한 깨달음인 내면적 계몽뿐이다. 그리고 정신적 원리들은 꾸준한 실천과 적용을 통해서만 확실히 이해될 수 있다.

성스러운 사랑의 원리를 취하고, 그것을 완전히 이해하려는 목표를 가지고, 그것에 대해 조용히 명상하라. 그 원리의 날카로운 빛이 당신의 모든 습관과 행동, 다른 사람과의 관계, 모든 은밀한 생각과 욕구를 비추게 하라. 당신이 끈기 있는 노력으로 이 과정을 수행한다면 성스러운 사랑이 점점 더 완전한 모습을 드러낼 것이고, 당신의 단점들은 점점 더 생생하게 그것과 대조되어 당신이 새로운 노력을 거듭 시작하도록 자극할 것이다. 그 영구불변의 원리를 잠깐이라도 보고 나면 당신은 자신의 약점과 이기심과 결점에 다시는 안주하지 않을 것이며, 모든 부조화의 요소를 버려서 그것과 완전한 조화를 이룰 때까지 성스러운 사랑을 추구하게 될 것이다. 그리고 그러한 내면적 조화의 상태가 바로 정신적인 힘이다.

또한 순수와 동정 같은 다른 정신적 원리들을 취해

서 마찬가지 방법으로 적용하라. 진리는 너무도 엄격하기 때문에, 당신 영혼의 가장 내밀한 곳에서 모든 얼룩과 찌꺼기가 제거되고 당신의 가슴 속에서 더 이상은 냉혹하고, 남을 비난하는, 무자비한 충동이 일어날 수 없을 때까지 당신은 잠시도 멈추거나 쉴 수 없을 것이다.

이러한 원리들을 이해하고, 실천하고, 신뢰하는 한에 있어서만 당신은 정신적인 힘을 획득할 것이며, 그 힘은 점차 증가하는 냉정함과 인내와 평정의 형태로 당신 안에서 그리고 당신을 통해서 나타나게 될 것이다.

힘을 얻는 방법

냉정함은 뛰어난 자제력을 나타내며, 탁월한 인내력은 바로 신성한 지식을 지녔다는 증거이다. 생활 속의 모든 의무와 고민거리 속에서도 침착함을 계속 유지하는 것은, 강한 정신력을 가졌다는 증거이다. 세상 속에서 세상의 상식을 따라 사는 것은 쉬운 일이며, 홀로 있으면서 자신의 생각대로 사는 것도 쉬운 일이다. 하지만 많은 사람들과 어울려 살면서도 자신만의 독립성을 훌륭하고 완전하게 유지하는 일은 위대한 사람만이 할 수 있다.

어떤 신비주의자들은 완전한 냉정함이 (소위) 기적을 일으키는 힘의 원천이라고 주장했는데, 아무리 큰 충격을 받아도 눈 하나 깜짝하지 않을 만큼 자기 내부의 모든 힘들을 완벽히 통제하는 사람은 참으로 그 힘들을 훌륭한 솜씨로 다스리고 지휘할 수 있음에 틀림없다.

자제력, 인내심, 침착함이 커질수록 힘과 능력이 커진다. 그리고 당신은 불변의 원리에 의식을 집중시킴으로써만 그러한 자질을 증대시킬 수 있다. 어린 아기가 혼자 힘으로 걸으려는 수많은 시도를 하고 수도 없이 넘어진 후에야 비로소 걷게 되는 것처럼, 당신도 힘을 기르는 길에 들어서려면 우선 홀로 서기를 시도해야 한다. 당신이 사람들 사이에서 홀로 똑바로 걸을 수 있을 때까지, 관습, 전통, 인습, 그리고 다른 사람들의 견해의 횡포에서 벗어나라.

당신 자신의 판단을 신뢰하라. 당신 자신의 양심에 충실하라. 당신 내면의 빛을 따라가라. 외부의 모든 빛은 당신을 미혹시키는 도깨비불에 불과하다. 당신이 어리석다고, 당신의 판단이 잘못되었다고, 당신의 양심이 비뚤어져 있다고, 당신 내면의 빛이 어둠에 불과하다고 말해 주는 사람들이 있을 것이다. 그러나 그런 말에 귀기울이지 말라. 당신은 지혜를 추구하는 사람이기 때문에, 그들의 말이 사실인지 아닌지는 당신이 더 빨리 더 잘 발견하게 될 것이다. 그리고 당신은 자신의 능력을 시험해 봄으로써만 그 발견을 할 수 있다. 그러므로 당신의 길을 용감하게 추구하라.

이기심의 폭풍 가라앉히기

최소한 당신의 양심은 당신의 것이며, 스스로의 양심에 따르는 것은 용기 있는 행위이다. 그러나 타인의 양심에 따르는 것은 노예의 짓이다. 한동안 여러 가지 실패를 경험할 것이고, 많은 상처를 입을 것이고, 수많은 고난을 겪게 되겠지만, 확실한 승리가 앞길에 놓여 있음을 믿고 신념대로 밀고 나가라.

견고한 반석처럼 의지할 수 있는 불변의 원리를 찾

으라. 그리고 그것을 발견하면 충실히 그것을 고수하고, 그것을 당신의 발판으로 삼아 똑바로 서라. 마침내 그 위에 확고부동하게 정착하여 이기심의 맹렬한 파도와 폭풍을 가라앉히는 데 성공할 때까지.

모든 형태의 이기심은 방탕이요 나약함이며 죽음이고, 이타심은 정신적인 면에서 보존이요 힘이며 생명이다. 당신이 영적으로 성숙해지고 불변의 원리들을 실천하며 살게 되면, 당신은 그런 원리들처럼 아름답고 변치 않는 존재가 될 것이며, 그것들의 더없이 사랑스러운 불멸의 본질을 음미하게 될 것이며, 당신 내면에 있는 신神의 영원히 변하지 않는 본성을 깨닫게 될 것이다.

정신적인 힘의 획득

두려움 속에 살아가는 운명의 노예들에게 둘러싸여 있어도 상처, 손해, 저주를 무시하고
미움의 폭풍 속에서도 꿋꿋하게 옳은 길을 걷는
정의로운 사람에게는 어떤 해로운 화살도 닿을 수 없다.
그는 고요한 힘을 갖추어 위엄 있고 당당하게,

그리고 침착하게 살아가며, 변화하거나 방향을 바꾸는 일 없이, 가장 암울한 고통의 시간에도 인내심을 가지고 굳건히 견딘다.
시간은 그에게 굴복하며, 죽음과 나쁜 운명을 그는 쫓아낸다.

소름끼치는 분노의 번개가 그의 주위 사방에서 번쩍이고, 지옥의 통렬한 뇌성雷聲이 그의 머리 주위에서 쿵쿵 울리지만, 그는 개의치 않는다. 그것들은 시간과 공간과 속세俗世가 사라진 곳에서 있는 사람을 죽일 수가 없으므로.

영원한 사랑의 보호를 받는데, 그가 무엇을 두려워하겠는가?
불변의 진리로 무장했는데, 그가 이득과 손실에 대해 무엇을 알 수 있겠는가?
영원을 알기에, 그는 그림자가 오고 가는 것에 동요하지 않는다.

어둠의 세력 한복판에서도 신성神性의 영광을 부여 받아
이와 같이 살아가는 사람을 보거든

그를 불멸의 인간이라 불러라.

그를 진리와 빛과 예언자적 위엄의 광휘라고 불러라.

사심 없는
사랑의 실현

 미켈란젤로는 모든 자연석에서 훌륭한 예술가의 기예技藝를 통해 현실화될 날을 기다리고 있는 아름다운 형상을 보았다고 한다. 마찬가지로, 모든 인간 안에는 신앙의 기예와 인내의 조각칼을 기다리고 있는 신성한 형상이 있다. 그 신성한 형상은 깨끗하고 사심 없는 사랑으로 나타나고 실현된다.

 거의 꿰뚫을 수 없는 단단한 여러 껍질에 뒤덮여 있는 경우가 대부분이지만, 모든 인간의 마음 깊은 곳에는 성스러운 사랑의 정신이 숨어 있으며, 그 사

랑의 신성하고 순결한 본질은 영원하고 소멸하지 않는다. 그것은 인간 안에 있는 진리이며, 신에게 속한 것이고, 불멸의 실재實在이다. 그것 이외의 모든 것은 변화하며 사라져 간다. 그것만이 변하지 않고 사라지지 않는다. 최고의 정의로움을 실천하는 데 부단한 노력을 기울임으로써 그 사랑을 실현하고, 그 안에 살고, 그 안에서 완전히 깨어 있는 의식을 지니게 되면, 바로 지금 여기에서 영원한 생명에 들어가서 진리와 하나가 되고, 신과 하나가 되고, 모든 존재의

중심과 하나가 되고, 우리 자신의 신성하고 영원한 본질을 알게 된다.

그 사랑에 도달하려면, 그것을 이해하고 경험하려면, 자신의 마음과 정신을 끊임없이 부지런히 계발해야 하며 자신의 인내력을 항상 새롭게 하고 굳센 믿음을 계속 유지해야 한다. 왜냐하면, 성스러운 형상이 찬란한 아름다움을 온전히 드러내기 위해서는 그전에 제거해야 할 것이 많고, 성취해야 할 것도 많기 때문이다.

실패는 환영幻影이다

신성에 도달하려고 노력하는 사람은 극도의 시험에 들게 되며, 이것은 절대적으로 필요한 과정이다. 이런 과정이 없다면, 진정한 지혜와 신성을 가능케 하는 지고의 인내력을 어떻게 얻을 수 있겠는가? 꾸준히 노력하다 보면, 때때로 모든 일이 무익해 보이고 자신의 노력이 헛되어 보이는 경우가 있을 것이다. 때때로 경솔한 선택으로 인해 자신의 이미지를 망치는 경우도 있을 것이다. 그리고 아마도 그는 자신의 과업이 거의 완성되었다고 여기는 순간, 신성한 사랑의 아름다운 모습이라고 생각했던 것이 철저히 파괴되는 것을 목격할 것이다. 그러면 그는 쓰라린 경험을 참고로 해서 다시 시작해야 한다. 그러나 최고의 가치를 실현하기로 확고히 결심하고 노력하는 사람은 패배와 같은 것은 사실상 없다는 것을 깨닫는다.

모든 실패는 겉모습일 뿐, 진짜가 아니다. 모든 실수, 모든 실패, 이기심으로의 모든 복귀는 교훈을 배우고 경험을 얻는 과정이다. 지혜의 황금 낟알이 거기에서 추출되어, 고귀한 목표를 성취하기 위해 노력하는 자를 돕는다.

만약, 우리가 자신의 수치스러운 행위들을 하나씩 차례로
극복해 나간다면, 우리는 자신의 악덕을 재료로 해서
신성의 경지에 오르는 사닥다리를 만들 수 있다.

그것을 깨닫는 것은 신성神性을 향해 정확히 나아가는 길에 들어서는 것이며, 이와 같이 깨닫는 자가 겪는 여러 실패들은 거짓된 자아 관념을 버리는 과정

이다. 그는 실패의 과정을 디딤돌로 삼아 더 차원 높은 것들을 향해 나아간다.

인간적인 사랑과 신성한 사랑

일단 당신이 자신의 실패와 슬픔과 고통을, 당신의 약점과 결점이 무엇인지 또 당신이 어떤 점에서 진리와 성스러움에 못 미치는지 분명히 말해 주는 경고의 목소리로 간주하게 되면, 당신은 끊임없이 자신을 지켜보기 시작할 것이며, 모든 실수와 모든 아픔은 당신이 좀더 신을 닮고 완전한 사랑에 근접하려면 어떤 점을 고쳐야 하는지, 마음속에서 무엇을 제거해야 하는지를 당신에게 보여 줄 것이다. 그리고 당신이 마음속의 이기심에서 매일 점점 더 많이 벗어나면서 앞으로 나아감에 따라, 사심 없는 사랑이 점차 당신에게 드러날 것이다.

그리고 당신의 인내심과 침착성이 커지고, 심술, 노여움, 과민 반응이 사라지고, 이것들보다 더 강력한 정욕과 편견도 더 이상 당신을 지배하거나 사로잡지 않을 때, 당신은 자신 안에서 신성이 깨어나고 있다는 것과 평화와 영원한 생명을 보장하는 사심 없는 사랑이 멀지 않았다는 것을 알게 될 것이다.

신성한 사랑은 다음과 같은 극히 중요한 특징에서 인간적인 사랑과 구별된다. 신성한 사랑은 편애partiality를 하지 않는다. 인간적인 사랑은 특정한 대상에 집착하여 나머지 모든 대상들을 차별한다. 따라서 그 특정 대상이 없어지면 그것을 사랑하는 사람에게 초래되는 고통은 크고 깊다. 이에 반해 신성한 사랑은 우주 전체를 포용하며, 어떤 특정 부분에 집착하지 않고 자체 안에 전체를 포함한다. 그러므로 모든 이기적이고 불순한 요소들이 제거될 때까지 자신의 인간적인 사랑을 점차 정화하고 확장하여 신성한 사랑에 도달하는 사람은 모든 고통에서 해방된다.

인간적인 사랑이 고통을 야기하는 것은 그것이 좁고, 제한적이며, 이기심과 뒤섞여 있기 때문이다. 스스로를 위해서는 아무것도 추구하지 않을 만큼 절대적으로 순수한 사랑에서는 어떤 고통도 생겨날 수 없다. 그럼에도 불구하고, 인간적인 사랑은 신성神性에 이르기 위해 반드시 필요한 단계이다. 가장 깊고 가장 강렬한 인간적 사랑을 할 수 있기 전까지는 어떤 영혼도 신성한 사랑에 참여할 준비가 되어 있지 않다. 인간적 사랑과 인간적 고통을 통과해야만 신성한 사랑을 깨닫고 실현할 수 있다.

모든 인간적인 사랑은 그 사랑이 집착하는 대상처럼 소멸하기 쉽다. 그러나 절대로 소멸하지 않고 겉모양과 현상에 집착하지 않는 사랑이 존재한다.

모든 인간적인 사랑에는 인간적인 미움이 뒤따른다. 그러나 반작용이나 미움을 허용하지 않는 사랑이 존재한다. 그 사랑은 성스럽고 자아의 모든 더러움에서 벗어나 있으며, 모두에게 똑같이 사랑의 향기를 발산한다.

인간적인 사랑은 신성한 사랑의 반영이며, 인간의 영혼을 진실reality에 다가가도록, 즉 슬픔도 변화도 모르는 사랑에 다가가도록 이끈다.

우리는 고통을 통해 배운다

자신의 가슴에 안겨 있는 연약한 갓난아이에게 깊은 애정을 느끼는 어머니가 그 아기가 차가운 주검이 되어 땅에 묻히는 것을 보았을 때, 슬픔의 어두운 바다에 빠지게 되는 것은 이해할 만한 일이다. 그녀가 눈물을 흘리고 마음이 아픈 것은 이해할 만한 일이다. 왜냐하면, 이런 경험을 통해서만 그녀는 감각적인 기쁨과 감각 대상들의 덧없는 속성을 상기할 수 있고, 그리하여 영원하고 변하지 않는 진실에 더 가까이 다가갈 수 있기 때문이다.

연인, 형제, 자매, 남편, 아내가 사랑하는 사람과 이별할 때 심한 고통을 겪고, 우울한 감정에 휩싸이는 것은 이해할 만한 일이다. 그럼으로써 그들은 그 사랑의 감정을 눈에 보이지 않는, 모든 존재의 근원으로 향하게 하는 법을 배울 수도 있다. 영원한 만족은 오직 거기에서만 찾을 수 있다.

자존심이 강하고, 야심적이고, 이기적인 사람들이 패배와 모욕, 불행을 겪는 것, 또 그런 사람들이 고통의 뜨거운 불길을 경험하게 되는 것도 이해할 만한 일이다. 그리고 나서야 고집 세고 변덕스러운 영혼이 삶의 수수께끼에 관해 성찰할 수 있고, 그 마음이 부드러워지고 정화되어 진리를 받아들일 준비가 되기 때문이다.

인간적인 사랑을 하는 마음이 심한 고통을 겪을

때, 그리고 우울과 외로움과 황폐함이 우정과 믿음의 영혼을 어둡게 할 때야말로, 모든 것을 보호하는 신神의 사랑을 향해 마음을 돌리고 그 사랑의 고요한 평화 속에서 안식을 찾을 때이다. 이 사랑으로 오는 모든 사람들은 위안 받지 못하고 외면당하는 일이 없으며, 고통으로 가슴이 미어지지도 우울한 감정에 휩싸이지도 않으며, 어두운 시련의 시간에 버려지는 일도 결코 없다.

신성한 사랑은 보답을 구하지 않는다

신성한 사랑의 영광은 오직 슬픔으로 단련된 마음에게만 드러날 수 있다. 거룩한 상태가 어떤 모습인지는, 생명이 없고 일정한 형태도 없는 무지와 이기심의 찌꺼기가 완전히 마음에서 제거되었을 때만 알아보고 깨달을 수 있다.

어떤 사사로운 만족이나 보상을 구하지 않고, 차별을 하지 않으며, 어떤 마음의 고통도 뒤에 남기지 않는 사랑만이 신성한 사랑이라 불릴 수 있다.

자아와 악의 쓸쓸한 그림자에 집착하는 사람들은

신성한 사랑을 인간이 도달할 수 없는 신의 영역에 속하는 것, 즉 자신과는 상관 없고, 영원히 인간의 영역 너머에 있을 수밖에 없는 것으로 생각하는 경향이 있다. 사실 신의 사랑은 항상 자아의 한계 너머에 있지만, 마음과 정신이 자아를 비웠을 때는 사심 없는 사랑, 최고의 사랑, 신성이나 선의 성격을 띠는 사랑이 내면의 영원한 현실이 된다.

이와 같은 신성한 사랑의 내면적 실현이야말로 사람들이 아주 흔히 이야기하면서도 거의 이해하지 못하고 있는 그리스도의 사랑이다. 이 사랑은 죄에서 영혼을 구할 뿐만 아니라, 유혹의 힘이 미치지 못하는 곳으로 영혼을 들어올린다.

그리스도의 사랑

그러나 어떻게 이러한 최고의 실현을 이룰 수 있는가? 이러한 질문에 대해 진리가 항상 답변해 왔고, 앞으로도 항상 답변할 말은 "너 자신을 비워라. 그러면 내가 너를 채울 것이다"이다. 자아는 사랑의 부정이기 때문에 자아가 죽은 뒤에야 신성한 사랑을 알

수 있다. 그리고 신성한 사랑을 일단 알고 나면 어떻게 그것을 부정할 수가 있겠는가? 자아의 돌을 영혼의 묘지에서 밀어 내고 난 후에야, 지금까지 십자가에 못박혀 죽고 매장되어 있던 순수한 사랑의 영靈, 불멸의 그리스도가 무지의 속박을 벗어 던지고 부활의 장엄한 영광 속에 나타난다.

사람들은 나사렛 사람 예수가 죽었다가 부활한 것으로 믿고 있다. 나는 그러한 믿음이 틀렸다고 말하는 것이 아니다. 그러나 친절하고 온화한 사랑의 정신이 이기적 욕구의 검은 십자가 위에서 매일 못박히고 있음을 믿지 않으려는 사람이 있다면, 나는 그가 잘못된 믿음을 갖고 있으며 그리스도의 사랑을 아직 조금도 모르고 있다고 말하는 것이다.

사람들은 그리스도의 사랑으로 구원을 맛보았다고 말한다. 그들은 자신의 노여움, 성급함, 허영심, 개인적인 혐오감, 다른 사람에 대한 판단과 비난으로부터 구원받았는가? 만일 그렇지 않다면, 무엇으로부터 구원받았으며, 인격을 변화시키는 그리스도의 사랑을 도대체 어떤 점에서 깨달았다는 말인가?

신성한 사랑은 사심이 없다

신성한 사랑을 깨달은 사람은 새로운 존재가 되며, 더 이상 자아의 낡은 요소에 동요되거나 지배되지 않는다. 그는 인내심, 순수함, 자제력, 깊은 자비심, 변하지 않는 상냥함을 특징으로 한다.

신성한 사랑 또는 사심 없는 사랑은 단순한 정서나 감정이 아니다. 그것은 악의 지배와 악에 대한 믿음을 파괴하고, 최고선의 즐거운 실현으로 영혼을 끌어올리는 지적인 깨달음의 상태이다. 영적으로 현명한 자에게는 이해와 사랑이 하나이며 둘로 나누어질 수 없다.

온 세상은 이러한 신성한 사랑의 완전한 실현을 향해 움직이고 있다. 우주가 존재하게 된 것은 이 목적을 위해서이며, 행복을 붙잡으려는 모든 노력, 그리고 목표, 이념, 이상을 향한 영혼의 모든 추구는 이 목적을 실현하기 위한 노력이다. 그러나 세상은 현재 이러한 사랑을 실현하지 못하고 있다. 왜냐하면, 세상은 무지에 빠져 있어서 실체를 무시하고 덧없는 그림자를 잡으려 하고 있기 때문이다. 그러므로 고통과 슬픔이 계속되고 있으며, 세상이 스스로 초래한 고통을 통해 깨달음을 얻어 사심 없는 사랑, 고요하고 평화로 가득 찬 지혜를 발견할 때까지 고통과 슬픔은 계속될 수밖에 없다.

이러한 사랑, 이러한 지혜, 이러한 평화, 지성과 감정이 평화로운 이런 상태는 자아를 기꺼이 포기할 각오와 준비가 되어 있는 사람, 그리고 자아 포기에 포함되어 있는, 모든 것을 이해하고 포용하려는 겸허한 노력을 시작할 준비가 된 사람이면 누구나 도달할 수 있고 실현할 수 있다.

고통의 굴레

이 우주에 제멋대로인 힘은 존재하지 않으며, 사람이 구속되어 있는 가장 강한 운명의 굴레는 스스로 만들어 낸 것이다. 사람들이 그 굴레에 매여 있는 것은 그들이 그렇게 되기를 바라고 그 굴레를 사랑하기 때문이며, 작고 어두운 자아의 감옥이 쾌적하고 아름답다고 생각하고 있고 그 감옥을 떠나면 진실하고 소유할 가치가 있는 모든 것을 잃을 거라고 두려워하기 때문이다.

당신은 스스로 고통을 자초하고 있으며, 어느 누구도 당신에게 고통을 강요하지 않는다.
어느 누구도 당신이 살고 죽는 것에 간섭할 수 없다.

운명의 굴레와 어둡고 좁은 자아의 감옥을 만들었던 영혼에 내재하는 힘은, 영혼 스스로 그 힘을 깨뜨리기 바라고 원할 때 소멸될 수 있다. 영혼은 그 감옥이 무가치함을 발견했을 때, 오랜 고통을 통해 무한한 빛과 사랑을 받아들일 준비가 되었을 때 그렇게 할 것이다.

그림자가 형상을 따르고 연기가 불에서 생기듯이, 결과는 원인을 따르고 고통과 행복은 인간의 생각과 행위를 따른다. 숨겨진 원인이든 드러난 원인이든, 원인을 가지지 않는 결과는 이 세상에 없으며, 그 원인은 절대적인 정의의 법칙에 따라 작용한다. 인간은 가깝거나 먼 과거에 악의 씨앗을 뿌렸기 때문에 고통의 결실을 수확하는 것이며, 선의 씨앗을 뿌린 결과로 행복의 결실을 수확하는 것이다. 이것에 대해 깊이 생각해 보고, 이것을 이해하도록 노력하라. 그러면 선의 씨앗만을 뿌리기 시작할 것이며, 자신의 마음속에서 키워 왔던 잡초들을 태워 없애게 될 것이다.

사심 없는 사랑을 이해하기

세상은 사심 없는 사랑을 이해하지 못한다. 왜냐하면 세상은 자신의 쾌락을 쫓는 데 열중하고 있고, 소멸하기 쉬운 관심사의 좁은 한계 안에 속박되어 있으면서, 무지 때문에 그러한 쾌락과 관심사들을 진정하고 영원한 것으로 착각하고 있기 때문이다. 육체적 욕망의 불꽃에 휩싸이고 고뇌의 불길 속에 타고 있어, 세상은 순수하고 평화로운 진리의 아름다움을 보지 못한다. 죄와 자기 기만의 더러운 찌꺼기를 먹고 살기 때문에 세상은 널리 만물을 내다보는 사랑의 집으로부터 차단되어 있다.

이 사랑이 마음속에 없고 또 그것을 이해하지 못하기 때문에, 사람들은 내면적인 희생을 전혀 포함하지 않는 개혁을 수없이 일으키면서 각자 자신의 개혁이 세상을 영원히 바로잡을 거라고 생각하지만, 그 자신은 마음속에 악을 지니고 있어서 계속 세상에 악을 퍼뜨리고 있다. 사람의 마음을 바로잡는 것만이 진정한 개혁이라 할 수 있다. 모든 악이 거기에서 발생하기 때문이다. 세상은 이기심과 당파 싸움을 그만두고 신성한 사랑의 교훈을 배운 뒤에야 보편적인 행복의 황금 시대를 실현할 것이다.

부자는 가난한 자를 깔보지 말고, 가난한 자는 부자를 비난하지 않도록 하라. 탐욕스런 자는 베푸는 법을 배우고, 욕망이 강한 자는 순수해지는 법을 배우도록 하라. 당파심이 강한 사람은 투쟁을 그만두고, 무자비한 사람은 용서를 베풀기 시작하라. 질투심이 강한 자는 다른 사람의 기쁨을 함께 나누도록 노력하고, 남을 비방하는 자는 자신의 행위를 부끄럽게 여기도록 하라. 그러면 보라! 황금 시대가 가까이에 있다. 그러므로 자신의 마음을 정화하는 사람이 세상에 가장 큰 은혜를 베푸는 사람이다.

세상은 황금 시대, 즉 사심 없는 사랑의 실현으로부터 차단되어 있고, 앞으로도 오랜 세월 동안 차단되어 있을 것이다. 그러나 당신이 원하기만 한다면, 당신은 이기적 자아를 초월함으로써 지금 당장 황금 시대에 들어갈 수도 있다. 당신이 편견, 증오, 비난을 버리고 친절하고 관대한 사랑만을 간직한다면 말이다.

미움, 혐오, 비난이 있는 마음속에는 사심 없는 사랑이 머물지 않는다. 사심 없는 사랑은 모든 비난을 그만둔 마음속에만 존재한다.

사랑은 남을 심판하지 않는다

사람들은 "내가 어떻게 술고래, 위선자, 좀도둑, 살인자를 사랑할 수 있단 말인가? 나는 그런 사람들을 싫어하고 비난할 수밖에 없다"고 말한다. 그런 사람들을 감정적으로 사랑할 수 없다는 것은 사실이다. 그러나 자신이 필연적으로 그들을 싫어하고 비난할 수밖에 없다고 말한다면, 그는 모든 것을 다스리는 위대한 사랑에 대해 잘 모르고 있음을 내보이는 것이다. 그런 사람들이 지금처럼 된 일련의 원인들을 파악하고, 그들의 심한 고통을 공감하고, 그들이 궁극적으로는 반드시 정화된다는 것을 알게 해주는 내면적 깨달음의 상태에 도달하는 일이 가능하기 때문이다. 그러한 깨달음을 얻고 나면, 더 이상 그들을 싫어하거나 비난하는 일이 완전히 불가능해지며 항상 깊은 동정심과 완전히 평온한 마음으로 그들을 생각하게 될 것이다.

만약 당신이 어떤 사람을 사랑하고 칭찬하다가, 그가 어떤 식으로든 당신을 훼방하거나 당신이 찬성하지 않는 행위를 할 경우엔 그를 싫어하고 헐뜯는다면, 당신은 신의 사랑에 지배되고 있지 않은 것이다. 만약 당신이 마음속으로 다른 이들을 끊임없이 책망하고 비난하고 있다면, 사심 없는 사랑은 당신에게 이해되지 않는다.

모든 존재의 중심에 사랑이 있다는 것을 알고, 모든 것을 충족시키는 그 사랑의 힘을 깨달은 사람은 마음속에 비난이 자리잡을 여지가 없다.

사람들은 이 사랑을 모르기 때문에, 영원한 심판관과 집행자가 존재한다는 것을 잊고서 그들 스스로 동료들을 심판하고 형(刑)을 집행한다. 또 사람들은 자신의 견해, 자신만의 특별한 개혁과 방법에서 벗어나 있는 타인들을 광신적이고, 정신이 불안정하며, 판단력과 성실성과 정직성이 부족하다고 낙인 찍고, 다른 사람들이 자신의 기준에 부합되면 그들을 훌륭

한 사람이라고 생각한다.

사랑은 그런 식으로 다른 사람을 평가하거나 분류하지 않으며, 다른 사람의 생각을 자신의 견해대로 바꾸려고 하지도 않으며, 자신의 방법이 우월하다는 것을 납득시키려 하지도 않는다. 사랑의 법칙을 알고 있는 사람은 그것을 실천하고, 모든 사람에게 똑같이 평온한 마음가짐과 상냥한 감정을 유지한다. 타락한 사람과 덕 있는 사람, 어리석은 사람과 현명한 사람, 학식 있는 사람과 무식한 사람, 이기적인 사람과 이타적인 사람 모두가 똑같이 그의 고요한 생각으로부터 축복을 받는다.

자기 수양을 통해 깨달음을 얻으라

오직 꾸준한 자기 수양의 노력에 의해서, 그리고 자아에 대한 승리를 거듭함으로써 이 최고의 깨달음과 신성한 사랑에 도달할 수 있다. 마음이 순수한 사람만이 신을 보며, 당신의 마음이 충분히 정화되면 당신은 거듭나게 된다. 그리하여 소멸하지도, 변화하지도, 고통과 슬픔으로 끝나지도 않는 사랑이 내면에서 깨어나 당신은 평화로워질 것이다.

신성한 사랑에 도달하려고 노력하는 사람은 비난의 정신을 극복하려고 항상 애쓴다. 순수한 정신적 깨달음이 있는 곳에서는 비난이 존재할 수 없고, 비난하는 일이 불가능해진 마음속에서만 사랑이 완성되고 충분히 실현되기 때문이다.

기독교인은 무신론자를 비난하고, 무신론자는 기독교인을 빈정댄다. 천주교도와 개신교도는 끊임없는 논쟁을 벌이며, 평화와 사랑이 있어야 하는 곳에서 투쟁과 증오의 정신이 지배하고 있다.

자신의 형제를 미워하는 자는 살인자이며, 성스러운 사랑의 정신을 십자가에 못 박는 자이다. 당신은 다른 종교를 가진 사람이나 무신론자를 대할 때도 혐오감을 전혀 갖지 않고 완전히 평온한 마음을 유지할 수 있을 때까지, 자유와 구원을 가져다 주는 사랑을 얻기 위해 계속 노력해야 한다.

성스러운 깨달음, 사심 없는 사랑의 실현은 비난의 정신을 완전히 소멸시키고, 모든 악을 흩어 없어지게 하며, 순수한 통찰력의 경지로 의식을 끌어올린다. 그 경지에서는 사랑과 선과 정의가 보편적이고 최고이며 모든 것을 이겨 내고 불멸인 것으로 이해된다.

 강하고 편견 없고 온화한 생각을 하도록 당신의 정신을 훈련하라. 순수성과 동정심을 갖도록 당신의 마음을 훈련하라. 침묵을 잘 지키고, 진실하고 흠 없는 말을 하도록 당신의 혀를 훈련하라. 그렇게 하면 당신은 신성함과 평화의 길로 들어서게 되며, 불멸의 사랑을 결국 실현하게 된다. 그렇게 살면, 당신은 다른 사람의 견해를 바꾸려 하지 않고도 다른 사람을 납득시킬 것이며, 논쟁하지 않고도 가르치게 될 것이며, 야심을 품지 않아도 현명한 사람들이 당신을 찾아 낼 것이며, 다른 사람들의 동의를 얻으려고 애쓰지 않아도 그들의 마음을 복종시킬 것이다. 왜냐하면 사랑은 전능하고 모든 것을 정복하며, 사랑의 생각과 말과 행위는 절대로 소멸될 수 없기 때문이다.

 사랑은 보편적이고 최고이며 모든 것을 충족시킨다는 것을 아는 것, 악의 속박에서 자유로워지는 것, 마음의 불안에서 벗어나는 것, 모든 존재들이 자기 고유의 방식으로 진리를 실현하려 애쓰고 있음을 아는 것, 슬픔 없이 침착하고 만족하는 것, 이것이 바로 평화이며, 기쁨이며, 영원한 생명이며, 신성이며, 사심 없는 사랑의 실현이다.

나는 해안에 서서, 거대한 바다의 맹공격을
견디어 내는 바위들을 보았다.
그 바위들이 오랜 시간 동안 무수히 많은 파도의 충격을
어떻게 견디어 냈을까를 생각했을 때,
나는 속으로 생각했다. "이 단단한 육지를 침식시키려는
저 바다의 끊임없는 노력은 헛된 것이구나."

그러나 그 바위들이 어떻게 갈라지고 부서졌는지를
생각했을 때, 그리고 내 발 밑의 모래와 자갈들이
(과거의 저항이 남긴 초라하고 수동적인 유물들)
물결이 부딪치는 곳에서 구르고 뒹구는 것을 보았을 때,
나는 파도 밑에 있는 먼 옛날의 해안선을 보고 알게 되었다.
바다가 그 바위들을 노예로 붙잡고 있다는 것을.

나는 바다가 끈기 있는 부드러움과

끊임없는 물결의 흐름으로 이루어 낸 엄청난 일을 보았다.
어떻게 바다가, 당당한 위용을 자랑하던 갑(岬)과
이끼 낀 언덕들을 물 속으로 데려갔는지를,
어떻게 부드러운 물방울들이 견고한 돌을
마침내 정복하고 쓰러뜨리는지를.

그러고 나서 나는 알게 되었다. 견고한, 죄의 저항은
인간 영혼의 거만한 바위에 항상 흘러드는
사랑의 부드러운 밀물과 썰물의 끊임없는 흐름에
결국 굴복하게 된다는 것을,
모든 저항은 결국 소모되고 끝나게 된다는 것을,
그리고 모든 마음이 결국엔 사랑에 굴복하게 된다는 것을.

신神의 무한無限 속에 들어가기

태고로부터 인간은 자신의 육체적 욕망과 욕구에도 불구하고, 일시적인 이 세상의 것들에 집착하는 가운데 자기 육체의 유한하고, 덧없고, 비현실적인 본질을 직관적으로 의식해 왔으며, 정신이 맑고 고요한 순간에는 무한한 존재를 이해하려 노력해 왔고, 영원한 마음Eternal Heart의 고요한 현실restful Reality을 향해 눈물 어린 열망을 품어 왔다.

이 세상의 즐거움이 현실적이고 만족스러운 것이라고 헛되이 생각하는 동안에도, 고통과 슬픔은 끊

임없이 세속적인 즐거움의 비현실적이고 불만족스러운 본질을 상기시킨다. 물질적인 것에서 완전한 만족을 찾을 수 있다는 것을 믿으려고 항상 노력하면서도, 인간은 이 믿음에 반대하는 끈질긴 내면적 저항을 의식한다. 그 저항은 죽음이라는 운명에 대한 반박인 동시에, 영원하고 무한하며 불멸인 것에서만 지속적인 만족과 완전한 평화를 찾을 수 있다는 선험적인 불후의 증거이다.

바로 여기에 신앙의 공통 근거가 있고, 여기에 모

든 종교의 기원과 근원이 있으며, 여기에 형제애의 정신과 사랑의 마음이 있다. 즉 인간은 본질적으로 그리고 정신적으로 신성하고 영원한 존재이며, 죽을 운명에 빠져 불안으로 고통받으면서 자신의 진정한 본질을 의식하기 위해 항상 노력하고 있다.

인간의 영혼은 무한하다

인간의 영혼은 신으로부터 떨어질 수 없으며, 무한한 존재인 신 이외의 다른 어떤 것도 영혼을 만족시킬 수 없다. 꿈 같은 물질 세계에서 방황하는 것을 그만두고 영원의 실재實在 속에 있는 영혼의 고향으로 돌아오기 전까지는, 고통의 짐이 각 사람의 마음을 계속 짓누를 것이고 슬픔의 그림자가 그들의 길을 어둡게 할 것이다.

바닷물에서 분리된 아주 작은 한 방울의 물도 바닷물의 모든 성질을 포함하고 있듯이, 각 사람은 의식의 차원에서는 신으로부터 벗어나 있어도 마음 깊은 곳에 신과의 유사점을 간직하고 있다. 또한, 물방울이 자연 법칙에 의해 결국 바다로 다시 돌아가서 그

고요한 심연 속에 자신을 잃듯이, 모든 사람도 인간 본성의 절대적인 법칙에 의해 결국 마음의 근원으로 돌아가서 신의 마음이라는 무한히 거대한 바다 속에서 자기 자신을 잃게 된다.

 신과 하나가 되는 것은 모든 사람의 목표이다. 영원한 법칙과 완벽한 조화를 이루는 것이 지혜이고 사랑이며 평화이다. 그러나 개인적 자아를 간직하고 있는 사람은 이 신성한 법칙을 이해할 수 없고 또 항상 그럴 수밖에 없다. 개성, 분리성, 이기심은 하나이자 동일한 것이며, 지혜와 신성의 정반대 편이다. 개성을 완전히 포기하면, 분리성과 이기심이 사라지며, 불멸성과 무한성이라는 신성한 유산을 소유하게 된다.

 개성을 완전히 포기하는 것은 세속적이고 이기적인 사람의 입장에서 볼 때 가장 쓰라린 불행, 가장 회복하기 힘든 손실로 간주되지만, 그럼에도 불구하고 그것은 비할 데 없는 최상의 행복이자 유일하게 영속하는 진짜 이익이다. 존재의 내적 법칙에 대해, 그리고 삶의 본질과 운명에 대해 깨달음을 얻지 못한 정신은 덧없는 현상, 즉 자체 안에 영구적인 실재성을 갖고 있지 않은 것에 집착하며, 그렇게 집착하는 동안에는 스스로의 망상이 빚어 내는 산만한 착각의 파편들 속에서 타락해 간다.

육체는 결국 썩어 없어진다

사람들은 육체가 영원히 지속될 것인 양, 육체에 집착하고 육체를 만족시킨다. 그러나 육체의 소멸이 불가피하고 그리 멀지 않다는 사실을 사람들이 잊으려 해도, 죽음에 대한 공포와 현재 집착하고 있는 모든 대상을 상실하는 것에 대한 공포는 가장 즐거운 시간에도 사람들의 마음을 어둡게 만들며, 스스로의 이기심이 드리우는 차가운 그림자는 무자비한 유령처럼 사람들을 뒤따른다.

그리고 현세의 안락과 사치가 계속되면, 사람들 내면의 신성도 마약에 도취된 듯 마비되어 그들은 점점 더 깊이 물질성에 빠져들고 소멸할 운명의 감각적 삶에 빠져들어, 충분한 지성을 갖춘 사람이라면 육체의 불멸성에 관한 이론을 절대적인 진리로 간주하게 된다.

영혼에 어떤 형태로든 이기심이 드리워져 있을 때는, 영적인 분별력을 잃게 되어 일시적인 것을 영원한 것으로, 사멸하기 쉬운 것을 영속적인 것으로, 소멸될 운명을 불멸성으로, 오류를 진리로 혼동하게 된다. 인간의 실제 경험에 조금도 근거를 두지 않은 이론과 고찰들이 세상에 널리 퍼져 있는 것은 이 때문이다. 모든 육체는 태어나는 순간부터 자체 안에 스스로를 파멸시키는 요소를 포함하고 있으며, 불변하는 자연의 법칙에 의해 결국 소멸할 수밖에 없다.

 이 우주에서 변화하여 소멸해 가는 모든 것은 결코 영구적인 것이 될 수 없으며, 영구적인 것은 절대로 소멸될 수 없다. 죽을 운명의 존재는 결코 불멸의 존재가 될 수 없으며 불멸의 존재는 절대로 죽을 수가 없다. 시간적인 것은 영원한 것이 될 수 없으며 영원한 것은 시간적인 것이 될 수 없다. 현상은 결코 실재가 될 수 없으며 실재는 현상으로 축소될 수 없다. 오류는 결코 진리가 될 수 없으며 진리는 오류가 될 수 없다.

 인간은 육체를 영원히 살게 할 수 없지만, 육체를 가지고 살면서도 모든 육체적 성향을 버림으로써 불멸의 영역에 들어갈 수 있다. "신만이 불멸성을 가지며", 인간은 신적인 의식 상태를 실현함으로써 영원한 생명에 들어간다.

극기를 실천하라

자연에 존재하는 수많은 형태의 생명체들은 모두 변화하며, 일시적이고, 비영구적이다. 오직 자연의 질서를 유지하는 원리만이 영원히 지속된다. 자연은 다수이며 분리를 특징으로 한다. 질서의 원리는 하나이며 통일성이 특징이다. 감각적인 본능과 마음속의 이기심을 극복함으로써, 인간은 개인적인 망상의 단단한 껍질을 깨뜨리고, 비개인적인 세계의 찬란한 빛 속으로, 필멸적인 모든 형태들의 근원인 보편적 진리의 영역으로 비상한다.

그러므로 극기를 실천하도록 하라. 자신의 동물적 성향을 극복하도록 하라. 사치와 쾌락의 노예가 되지 말라. 덕을 실천하고, 보다 높은 덕을 향해 끊임없이 성장하라. 그러면 결국에는 신성한 경지에 도달하며, 겸손, 온유함, 용서, 동정, 사랑을 이해하고 실천하게 된다. 신성은 바로 이러한 이해와 실천으로 이루어져 있는 것이다.

"선의善意는 통찰력을 낳는다." 신의 모든 창조물에 대한 호의라는 단 하나의 마음자세를 지닐 정도로 자신의 개성을 완전히 극복한 사람만이 거짓과 참을 구별할 수 있다. 그러므로 최고로 선한 사람이 현자이자 성인이며, 깨달음을 얻은 선각자이고, 신을 아는 자이다.

변치 않는 상냥함, 지속적인 인내심, 탁월한 겸손, 품위 있는 말씨, 자제력, 사심 없는 마음, 그리고 깊고 풍부한 동정심을 가진 사람을 발견하면, 그에게서 최고의 지혜를 듣고 그와 친구가 되라. 그는 신성을 깨달았고 신과 함께 살며 신과 합일한 사람이기 때문이다. 인내심이 없고, 쉽게 화를 내고, 자만심이 많고, 쾌락에 집착하고, 이기적인 만족을 포기하지 않으려는 자, 선의와 원대한 동정심을 실천하지 않는 자는 믿지 말라. 그러한 자는 지혜가 없고, 그의 모든 지식은 헛되며, 그의 노력과 말은 허사로 돌아갈 것이다. 그것들은 영원하지 않은 것에 기초하고 있기 때문이다.

자아를 버려라. 세상을 이겨 내라. 개인적인 요소를 부정하라. 이러한 방법을 통해서만 신의 마음속에 들어갈 수 있다.

세상, 육체, 개성은 시간의 사막에서 생겨난 신기루이며, 영혼이 잠든 어둔 밤에 일시적으로 꾸는 꿈에 불과하다. 시간의 사막을 건넌 사람들, 영혼이 깨어난 사람들만이, 꿈과 망상에서 벗어나 모든 현상의 배후에 있는 보편적인 실재Universal Reality를 이해한다.

신과 합일하기

절대적인 복종을 요구하는 하나의 위대한 법칙, 모든 다양성의 기초가 되는 하나의 통합 원리가 존재한다. 그것은 세상의 모든 문제를 그림자처럼 사라지게 하는 하나의 영원한 진리이기도 하다. 이 법칙, 이 진리를 깨달으면 신의 마음속에 들어가고 신과 하나가 된다.

사랑의 위대한 법칙에 삶의 중심을 두면 안정과 조화, 평화에 들어서게 된다. 악이나 불화에 조금도 참여하지 않고, 악에 대한 모든 저항을 그만두고, 선한 일을 태만히 하지 않으며, 마음속의 성스러운 고요에 변함 없이 순응하면, 사물의 내밀한 중심에 공명할 수 있으며, 단순히 감지 능력만 뛰어난 지성인은 절대로 알 수 없는 영원하고 무한한 원리를 생생하게 의식적으로 경험할 수 있다. 영혼은 이 원리를 깨닫고 나서야 평화에 기반을 둘 수 있으며, 이 원리를 생생하게 체험한 사람이 진정으로 현명한 자이다. 그의 학문적인 지혜가 깊다는 뜻이 아니라 결백한 마음과 성스러운 인간성의 단순함을 지녔다는 의미에서 그가 현명하다는 것이다.

무한하고 영원한 존재를 깨달으면 어둠의 왕국을 구성하는 시간, 세상, 육체를 초월하게 되며, 빛의 왕국을 이루는 불멸성, 천국, 그리고 성령 안에 기반을 두게 된다.

신과 합일하는 것은 단순한 이론이나 의견이 아니다. 그것은 영혼을 정화하는 작업을 부지런히 수행한 결과로 발생하는 극히 중대한 경험이다. 육체가 더 이상은 실제 인간이, 조금도 아니라고 믿을 때, 모든 욕구와 욕망이 완전히 억제되고 정화될 때, 감정이 편히 휴식하고 고요할 때, 지성의 동요가 멈추고 완벽한 안정이 유지될 때, 그 때서야 비로소 의식은 신과 하나가 되며, 그 때서야 천진한 지혜와 심오한 평화가 확보된다.

자아에 대한 사랑은 진리를 차단한다

사람들은 인생의 어려운 문제들 때문에 점점 더 지치고 늙다가 결국 그것들을 해결하지도 못하고 죽는다. 왜냐하면 자기 개성의 한계에 너무 많이 몰두한 나머지 개성의 어둠에서 빠져 나오는 길을 보지 못하기 때문이다. 사람들은 개인적 삶을 지키려고 노력하다가 진리 안에 있는 더 거대한 비개인적 삶을 상실한다. 또한, 소멸하기 쉬운 것에 집착하기 때문에 영원한 존재에 대한 지식으로부터 차단되어 있다.

모든 어려움은 자아의 포기를 통해 극복되며, 내적인 희생의 불이 깨끗이 태워 없앨 수 없는 죄는 이 세상에 없다. 아무리 큰 문제라도 자기 부정의 날카로운 빛 앞에서는 그림자처럼 사라질 것이다. 모든 문제는 우리의 자아가 만들어 낸 망상 속에서만 존재하며, 자아가 포기되면 문제들도 사라져 버린다. 자아와 죄는 동의어이다. 죄는 깊이를 헤아릴 수 없는 복잡성의 어둠 속에 포함되어 있지만, 진리의 영광은 영원한 단순성이다.

자아에 대한 사랑은 사람들이 진리를 보지 못하게 가로막으며, 사람들은 각자의 개인적인 행복을 추구하다가 더 깊고 더 순수하고 더 영속적인 행복을 잃고 만다.

카알라일은 이렇게 말했다. "인간에게는 기쁨과 만족에 대한 사랑보다 더 고귀한 사랑이 있다. 인간은 쾌락 없이도 살 수 있고, 그렇게 삶으로써 진정한 행복을 발견한다.…… 쾌락을 사랑하지 말고 신을 사랑하라. 이것은 영원한 긍정이다. 그 안에서는 모든 모순이 해결된다. 그 안에서 걷고 일하는 자는 누구나 행복을 누린다."

대부분의 사람들이 가장 아끼고 그렇게도 강렬한 고집으로 집착하는 자아와 개성을 포기해 버린 사람은 모든 혼란을 넘어섰으며, 죄에 사로잡혀 있는 세상의 눈에는 어리석음으로 보일 정도로 몹시 소박한 단순성을 지닌다. 그런 사람은 최고의 지혜를 깨달았고, 신의 무한 속에서 편히 쉬고 있다. 그는 "노력

없이 성취하며", 모든 문제는 그의 앞에서 소멸된다. 그는 실재의 영역에 들어갔고, 변화하는 결과들과 관계하는 것이 아니라 모든 현상의 근원인 불변의 원리들과 관계하기 때문이다.

그가 깨달은 지혜는 논리적인 사고보다 차원이 더 높으며, 이는 마치 사고력이 동물성보다 차원이 높은 것과 같다. 그는 자신의 욕망, 잘못된 생각, 견해와 편견을 포기함으로써 신을 아는 경지에 들어갔다. 그는 천국에 대한 이기적인 욕구와 지옥에 대한 무지한 공포를 함께 없애고 삶에 대한 사랑 그 자체까지도 버림으로써 최고의 행복과 영원한 생명을 얻었다. 그는 자신의 불멸성을 알고 있으며 이 생명은 삶과 죽음을 연결하는 생명이다. 모든 것을 무조건 포기함으로써, 그는 모든 것을 얻었고 신의 품 속에서 평화롭게 안식한다.

최고선에 대한 믿음

사는 것과 죽는 것을 똑같이 만족스럽게 받아들일 수 있을 만큼 자아에서 자유로워진 사람만이 신의 무한 속으로 들어가기에 적합한 자이다. 소멸할 운명의 자아를 더 이상 신뢰하지 않고, 위대한 법칙, 최고선을 한없이 신뢰할 수 있게 된 사람만이 영원한 행복에 참여할 준비가 된 것이다.

그런 사람에게는 더 이상의 후회도, 실망도, 회한도 없다. 이기심이 모두 없어진 마음속에서는 이러한 고통들이 일어날 수 없기 때문이다. 그는 자신에게 일어나는 모든 일이 자신을 위한 것임을 알기에 항상 만족하며, 더 이상 자아의 종노릇을 하지 않고 신의 종으로서 봉사한다. 그는 더 이상 세상의 변화에 영향 받지 않고, 전쟁 소식이나 전쟁에 관한 소문을 듣더라도 마음의 평화를 방해 받지 않으며, 사람들이 화내고 빈정대고 말다툼을 하려는 곳에서도 동정심과 사랑을 보여 준다. 그는 세상이 꾸준히 진보하고 있다는 것을 알고 있다. 비록 세상의 현실은 그렇지 않게 보일 수도 있지만 말이다.

세상의 웃음과 눈물을 통해,
세상의 생존과 유지를 통해,
세상의 어리석음과 세상의 노고를 통해,

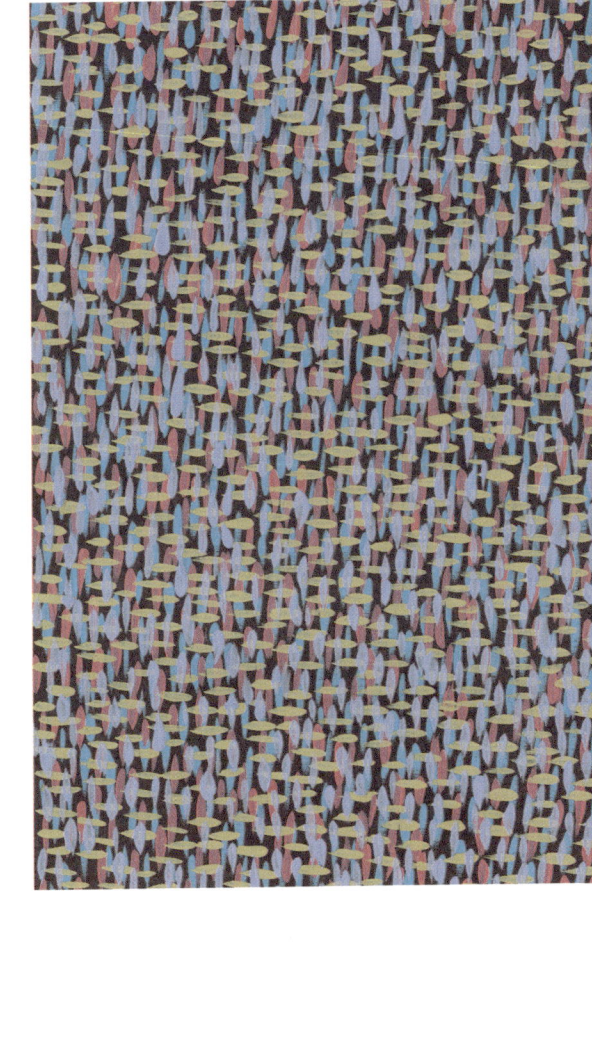

눈에 보이게 또는 안 보이게 운명의 천을 짜면서,
처음부터 끝까지,
모든 미덕과 모든 죄를 통해,
신이 위대한 진보의 실타래에서 풀려 나온,
빛의 황금색 실이 달린다.

 격렬한 폭풍이 휘몰아치고 있을 때, 그것에 대해 화를 내는 사람은 없다. 왜냐하면 사람들은 폭풍이 얼마 안 가 사라진다는 것을 알기 때문이다. 마찬가지로 분쟁과 불화의 폭풍이 세상을 황폐화시키고 있을 때, 진리와 연민의 눈으로 세상을 보는 현명한 사람은, 그것이 이윽고 사라진다는 것과 그 폭풍이 남기고 간 부서진 마음의 잔해로부터 영원한 지혜의 신전이 만들어진다는 것을 안다.
 그는 탁월한 인내심과 무한한 동정심을 가지고 있고, 깊고, 고요하고, 순수하므로 그의 존재 자체가 축복이다. 그가 말을 하면 사람들은 그의 말을 마음속으로 깊이 생각하고 이를 통해 보다 높은 수준에 도달한다. 신의 무한 속에 들어간 사람, 극도의 희생의 힘으로 삶의 신성한 신비를 푼 사람은 그러하다.

인생과 운명과 진리를 탐구하며,
나는 어둡고 미궁 같은 스핑크스를 찾아갔다.
그는 내게 이런 이상하고 놀라운 말을 했다.
"은폐concealment는, 눈이 가려진 사람에게만 존재한다.
신만이 신의 형상을 볼 수 있다."

나는 무지와 고통의 길을 통해 헛되이
이 신비한 수수께끼를 풀기 위해 노력했다.
그러나 내가 사랑과 평화의 길을 발견했을 때,
은폐는 끝났고, 나는 더 이상 눈멀지 않았다.
그 때 나는 신의 눈으로 신을 보았다.

성인, 현자 그리고 구세주: 봉사의 법칙

완벽하고 원만한 삶으로 나타나는 사랑의 정신은 존재의 절정이며, 이 세상에서 지식의 최고 목적이다. 사람의 진실함은 그가 지닌 사랑의 크기와 비례하며, 사랑의 삶을 살지 않는 사람은 진리에서 멀리 떨어져 있다. 편협하고 남을 비난하는 자들은, 비록 그들이 가장 고상한 종교를 믿는다고 공언해도, 아주 적은 정도의 진리를 가지고 있을 뿐이다. 인내를 실천하고, 모든 관점의 주장에 침착하고 냉정하게 귀를 기울이고, 모든 문제와 쟁점에 대해 사려 깊고

편견 없는 결론에 스스로 도달하고, 다른 사람들도 그런 결론에 도달하도록 이끄는 사람이 최대한도로 진리를 소유하고 있다.

지혜의 마지막 시금석은 바로 이것이다. 즉, 어떻게 살아가는가? 어떤 정신을 삶에서 실천하고 있는가? 시련과 유혹 앞에서는 어떻게 행동하는가? 슬픔과 실망, 격정에 끊임없이 동요되고, 작은 시련이 닥치자마자 쓰러지는 많은 사람들이 진리를 소유하고 있다고 자랑한다. 하지만 진리는, 불변하는 것이 아니라면 아무 의미도 없다. 인간은 진리에 기반을 두어야 확고부동한 덕을 지니게 되며 자신의 격정과 감정과 변덕스러운 개성을 초월한다.

사람들은 영원하지도 않은 교리 체계를 만들고 그것을 진리라고 부른다. 그러나 진리는 체계적인 서술로 공식화될 수 없다. 진리는 말로 표현할 수 없는 것이며, 지성의 범위를 항상 초월한다. 진리는 실천을 통해 경험될 수 있을 뿐이며, 결백한 마음과 완전한 삶으로 표현될 수 있을 뿐이다.

그렇다면, 수많은 학파와 신조와 정당이 끊임없이 난립하고 있는 혼란 가운데서, 누가 진리를 소유하고 있는가? 진리를 실제 삶 속에서 실천하는 자가 진리를 소유하고 있다. 그는 자아를 극복함으로써 그러한 혼란을 초월하여 더 이상 진리에 관한 논쟁에 참가하지 않고, 모든 다툼, 모든 편견, 모든 비난으로부터 벗어나, 평온하고 차분하고 고요하고 냉정하고 초연하게 지내면서, 내면의 신성에서 우러나오는 즐겁고 사심 없는 사랑을 모두에게 선사한다.

진리를 말로 증명할 수는 없다

인내심 있고, 고요하고, 온화하고, 어떤 상황에서도 관대한 사람은 진리를 나타내고 있다. 진리는 논리적인 주장이나 논문을 통해서는 절대로 증명될 수 없다. 만약 사람들이 무한한 인내심, 불굴의 용기, 그리고 모든 것을 껴안는 동정심에서 진리를 알아보지 못한다면, 어떤 말로도 그들에게 진리를 증명해 줄 수 없다.

격정적인 사람이라도 혼자 있거나 평온할 때는 침착하고 참을성 있게 지내는 일이 별로 어렵지 않다. 마찬가지로 무자비한 사람도 남에게 친절한 대우를 받을 때는 온화하고 친절한 태도를 쉽게 유지할 수 있다. 그러나 어떤 시련이 닥쳐오더라도 인내심과 침착성을 유지하는 사람, 가장 힘든 상황에서도 극히 온유하고 친절한 사람만이 흠 없는 진리를 소유하고 있다.

그러한 고귀한 덕은 신성에 속해 있으며, 최고의 지혜를 얻어 격정과 이기적인 본성을 버리고, 영구불변의 최고 법칙을 깨달아 자신을 그 법칙과 조화시키는 사람만이 그런 덕을 나타낼 수 있다.

그러므로 진리에 관한 공허하고 격렬한 논쟁을 그만두고, 조화, 평화, 사랑, 선의에 이바지하는 것들을 생각하고 말하고 실천하도록 하라. 마음의 덕을 닦고, 인간의 감정을 황폐하게 하며 세상에서 방황하는 영혼들의 앞길을 끝없는 밤처럼 어둡게 하는 모든 잘못과 죄로부터 영혼을 해방시키는 진리를 겸허한 자세로 부지런히 찾도록 하라.

사랑의 법칙

우주의 기초이자 원인이 되는, 모든 것을 총괄하는 위대한 법칙, 즉 사랑의 법칙이 존재한다. 이것은 각 시대와 나라에 따라 서로 다른 많은 이름으로 불리어 왔지만, 진리의 눈으로 보면 그 이름들의 이면에는 똑같은 불변의 법칙이 있음을 알 수 있다. 각각의 이름과 종교와 개성은 결국 사라지지만 사랑의 법칙은 영원히 남는다. 이 법칙을 이해하고 의식적으로 이 법칙과 조화를 이루면, 죽지 않고 패배당하지 않고 파괴되지 않는 존재가 된다.

인간이 태어나서 늙고 병들어 죽는 과정을 윤회 속

에서 거듭 반복하는 것은 이 법칙을 깨닫기 위한 영혼의 노력 때문이다. 그래서 이 법칙을 깨닫고 나면 고통은 멈추며, 개성은 사라지고, 육체적인 삶과 죽음은 파괴된다. 마음이 영원한 법칙과 하나가 되었기 때문이다.

이 법칙은 절대적으로 비개인적이며, 이 법칙을 최고로 잘 나타내는 표현은 봉사이다. 마음을 정화한 영혼이 진리를 깨닫고 나면, 그는 가장 위대하고 가장 성스러운 마지막 희생, 즉 자기 힘으로 획득한 진리의 향유를 희생하도록 요청 받는다. 신성하게 해방된 영혼이 육체의 옷을 입고 다시 사람들 사이로 돌아와서, 가장 저속하고 가장 작은 자들과 함께 살면서 모든 사람들의 종으로 봉사하는 것에 만족하는 것은 이 희생 덕분이다.

겸손은 위대함의 증표이다

예수나 붓다와 같은 구세주들이 보여 주는 탁월한 겸손은 신성의 증표이며, 개성을 소멸시키고, 영원하고 무한하며 비개인적인 사랑의 정신을 자신의 삶을 통해 명백히 표현하는 사람만이 후세 사람들의 아낌없는 경배를 받을 만한 성인으로 추대된다. 자아를 소멸시킬 뿐만 아니라 모든 사람에게 사심 없는 사랑의 정신을 아낌없이 베푸는 성스러운 겸손으로 자신을 낮추는 데 성공한 사람만이 최고의 찬양을 받으며 인류에게 정신적인 모범이 된다.

위대한 정신적 스승들은 모두 개인적인 사치와 안락, 보상을 스스로 멀리 했고, 세상의 덧없는 권력을 포기했으며, 무한하고 보편적인 진리를 실천하고 가르쳤다. 그들의 삶과 가르침을 서로 비교해 보면, 그들 모두가 동일한 단순성, 동일한 자기 희생, 동일한 겸손과 사랑과 평화를 실천하고 설교했음을 알게 된다. 그들은 똑같은 영구불변의 원리들을 가르쳤으며, 그 원리들에 대한 깨달음은 모든 악을 파괴한다.

인류의 구원자로 인정 받고 숭배되는 성인들은 위대한 보편적 법칙을 밝게 드러냈고, 따라서 격정과 편견이 없었으며, 설교하거나 옹호해야 할 어떤 특별한 교리 체계나 의견을 갖지 않았기 때문에, 그들은 결코 다른 사람을 개종시키거나 전도하려 하지 않았다. 최고의 완성을 이루고 최고선 속에서 살았던 그들의 유일한 목표는 생각과 말과 행위로 선을 밝게 나타냄으로써 인류를 향상시키는 것이었다. 그들은 개인적인 인간과 비개인적인 신 사이에 서서, 자아에 사로잡혀 있는 인류의 구원을 위해 이상적인 본보기로서의 역할을 한다.

자아에 깊이 빠져, 절대적으로 객관적인 선善을 이해할 수 없는 사람들은 자신이 믿는 종교의 구세주만을 인정하고 다른 종교의 구세주는 신성이 없다고 생각한다. 그리하여 개인적인 증오와 교리 논쟁을 초래하고, 자기 종교의 교리를 격정적으로 옹호하면서 서로 다른 종교를 믿는 사람들을 이교도나 이단자로 간주한다. 그리고 그렇게 함으로써, 자기가 믿는 구세주의 삶과 가르침이 보여 주는 사심 없는 아름다움과 신성한 위대함을 아무것도 아닌 것으로 만들어 버린다. 진리는 제한될 수 없다. 진리는 어떤 사람이나 학파 또는 어떤 나라의 특권이 될 수 없으며, 개성이 개입되면 진리는 상실되고 만다.

성인, 현자, 구세주의 공통적인 명예는, 그들이 가장 깊은 겸손과 가장 고귀한 이타심을 실현했다는 것이다. 모든 것을 포기하고 자신의 개성까지도 포기했기 때문에, 자아의 더러움이 전혀 없는 그들의 모든 업적은 신성하고 영구히 남는다. 그들은 베풀지만, 받는 것에 대해서는 결코 생각하지 않는다. 그들은 과거에 대한 후회나 미래에 대한 예상 없이 일하며, 절대로 보상을 구하지 않는다.

씨앗 뿌리기

농부는 자기 땅을 갈아서 거기에 씨앗을 심고 나면, 그는 자신이 할 수 있는 모든 일이 끝났다는 것과 이제부터는 자연의 힘을 신뢰해야 하고 수확의 계절이 오기까지 시간의 흐름을 참을성 있게 기다려야 한다는 것, 그리고 자기가 아무리 기대해 봐야 결과에 영향을 미칠 수 없다는 것을 알고 있다. 마찬가지로 진리를 깨달은 사람은 결과에 대한 기대를 전혀 하지 않고, 선, 순수, 사랑과 평화의 씨를 뿌리는 사람으로 살아간다. 그는 적당한 때에 결실을 맺게 하는 위대한 법칙이 모든 것을 지배하고 있다는 것과 그 법칙은 보존의 근원이자 파괴의 근원임을 알고 있다.

사리사욕이 전혀 없는 마음의 성스러운 단순성을 이해하지 못하는 사람들은, 자기가 믿는 구세주를 특별한 기적의 현현, 즉 사물의 본성과는 전적으로 구별되는 어떤 초월적인 존재로 간주하여 윤리적인 탁월성의 면에서 전 인류가 영원히 접근하기 어려운 존재로 생각한다. 인간이 거룩한 존재로 완성될 가능성을 부인하는 이런 태도는 노력을 마비시키고, 강한 밧줄로 묶는 것처럼 사람들의 영혼을 죄와 고통에 속박시킨다.

예수는 "지혜가 점차 발달했고", "고통을 통해 완성"되었다. 예수의 거룩함과 신성은 태어날 때부터 주어진 것이 아니라 어떤 과정을 통해 이루어진 것이며, 붓다 역시 비범한 노력을 통해 성스러운 지혜를 얻은 것이다. 모든 성인聖人들은 끊임없는 노력과 인내로 자기 희생을 수행함으로써 그 같은 경지에 도달했다. 당신이 일단 이 사실을 인정하고 나면, 당신 자신도 주의 깊은 노력과 불굴의 인내심으로 낮은 본성을 초월할 수 있다는 것을 깨닫게 된다. 그러면 당신 앞에 펼쳐질 성취의 전망은 실로 숭고하고 명예로울 것이다. 붓다는 완성의 경지에 도달할 때까지 노력을 게을리하지 않겠다고 스스로 맹세했고, 결국 목표를 달성하였다.

성인과 현자들, 그리고 구세주가 성취했던 것을 당신도 성취할 수 있다. 그들이 몸소 걸었고 가리켜 준 길, 즉 자기 희생의 길, 자기를 부정하는 봉사의 길을 당신이 걷기만 한다면 말이다.

진리는 아주 단순하다. 진리는 이렇게 말한다. "자아를 포기하라. (마음을 더럽히는 모든 것에서 벗어나) 나에게 오라. 내가 너를 쉬게 하리라." 진리에 관해 설명하는 산더미처럼 많은 주석서들도, 정의를 진지하게 추구하는 마음에게 진리를 감출 수 없다. 진리는 학식을 필요로 하지 않는다. 학문 없이도 진리를 알 수 있다. 이기적이고 죄에 빠진 스승들 때문에 여러 형태의 학문 속에 감추어져 있으면서도, 진리의 아름다운 단순성과 선명한 투명성은 변경되지 않고 흐려지지 않은 채 남아 있으며, 사심 없는 마음은 진리의 환한 빛 속에 들어가 그 빛에 참여할 수 있다. 복잡한 이론을 조직하거나 사변 철학을 구성함으로써 진리를 깨달을 수는 없다. 정신적인 순수성의 천을 짜고 결백한 삶의 신전을 건축해야 진리를 깨달을 수 있다.

격정을 억제하라

이 성스러운 길을 걷기 시작한 사람은 우선 자신의 격정을 억제해야 한다. 격정의 억제는 덕이며, 성자다운 거룩함sainthood의 시작이고, 거룩함은 신성함의 시작이다. 철저하게 세속적인 사람은 자신의 모든 욕구를 만족시키며, 나라의 법률이 금지하는 사항을 지키는 것 이상의 억제는 하지 않는다. 덕 있는 사람은 자신의 격정을 억제하고, 성인은 마음속의 요새에서 진리의 적들을 공격하며 불순하고 이기적인 생각들을 모두 억제한다. 반면에 신성한 사람holy man은 격정과 모든 불순한 생각에서 완전히 벗어나 있다. 향기와 색깔이 꽃에 자연스러운 것처럼 그에게는 선과 순수가 자연스러운 것이 되었다. 그는 영적으로 현명하다. 오직 그만이 진리를 정확하게 알고 있으며, 그는 영원한 안식과 평화에 들어갔다. 그에게는 악이 소멸되었다. 악은 어디에나 존재하는 완전한 선의 빛 속에 사라졌다. 신성함은 지혜의 기장記章이다.

크리슈나가 아르쥬나 왕자에게 말했다.

겸손, 진실, 남에게 해를 끼치지 않음,

인내와 신의, 현자에 대한 공경

순수, 굳은 지조, 자제,

감각적 쾌락에 대한 경멸, 자기 희생,

생로병사生老病死와 고통과 죄와

악에 대한 통찰,

원하는 일이 일어나든 원치 않는 일이

일어나든 항상 평온한 마음, ……

…… 최고의 영靈을 인식하기 위한

확고한 노력,

진리를 알아야 하는 목적에 대한 통찰,

이것이 진정한 지혜이다. 왕자여!

이것과 다른 것은 모두 무지이다!

진정한 봉사는 자아를 잊는 것이다

자신의 이기심에 맞서 끊임없이 싸우고, 모든 것을 포용하는 사랑으로 이기심을 대체하려고 노력하는 자는, 그가 오두막집에 살든 부와 권력을 누리고 있든, 혹은 설교를 하든 은둔 생활을 하든 누구나 성인이라 할 수 있다.

보다 차원 높은 세계를 향해 이제 막 열망을 품기 시작한 세속적인 사람들에게, 아시시의 성 프란치스코나 성 안토니오와 같은 성인들은 멋지고 가슴 설레게 하는 장관壯觀이다. 그런데 성인들의 입장에서는, 죄와 슬픔을 극복하여 더 이상 후회나 한탄으로 고통 받지 않고 유혹마저도 절대로 다가갈 수 없는, 고요하고 성스럽게 앉아 있는 현자의 모습이 마찬가지로 황홀한 광경이다. 그러나 현자도 더 영광스러운 광경에 이끌린다. 사심 없이 일하는 가운데 적극적으로 자신의 지식을 나타내고, 인류의 약동하는, 슬퍼하는, 열망하는 마음속에 자신을 가라앉힘으로써 신성을 영원히 더 강력하게 만드는 구세주의 모습이 바로 그것이다.

모두를 향한 사랑 안에서 자신을 잊는 것, 전체를 위해 일하는 데 몰두하여 자신을 잊는 것, 이것만이 진정한 봉사이다. 오, 헛되고 어리석은 이여, 기도만 많이 해도 구원 받을 수 있다고 생각하는 그대여, 죄에 얽매여 자신에 대해, 그리고 자신의 일과 자신의 많은 희생에 대해 요란하게 떠들어 대고, 자신의 중요성을 과장하는 그대여, 그대의 명성이 온 세상을 채운다 해도 그대의 모든 업적은 먼지로 돌아갈 것이며 진리의 왕국에서 행해진 가장 작은 업적보다 더 낮게 평가 받는다는 것을 알라!

공동선을 위한 업적만이 살아남을 수 있으며, 자아의 업적은 무력하고 쉽게 소멸한다. 아무리 하찮은 일이라도 사리사욕 없이 기쁘게 희생을 감수하며 의무를 수행한다면, 거기에 진정한 봉사와 영구적인 업적이 있다. 아무리 화려하고 외관상 성공적인 업적을 이루더라도 그것이 자아에 대한 사랑에서 비롯된 것이라면, 거기엔 봉사의 법칙에 대한 무지가 있으며 그 업적은 쉽게 소멸되어 버린다.

하나의 위대하고 신성한 교훈, 즉 절대적인 이타심의 교훈을 배우는 과업이 세상에 주어져 있다. 모든 시대의 성인, 현자, 구세주는 이 과업을 받아들여 그것을 배우고 실천했다. 세상의 모든 경전들은 이 한 가지 교훈을 가르치기 위해 만들어졌으며, 모든 위대한 스승들은 이 교훈을 반복해서 가르친다. 이타심을 경멸하고 이기심의 복잡한 길에서 비틀거리며 걷는 세상에게는 이 교훈이 너무 단순해서 이해가 되지 않는다.

　순수한 마음은 모든 종교의 목적이며, 신성의 시작이다. 이러한 정의를 추구한다는 것은 진리와 평화의 길을 걷는 것이며, 이 길을 걷는 사람은 탄생과 죽음으로부터 독립된 불멸의 생명을 머지않아 이해할 것이며, 우주의 신성한 질서와 섭리 안에서는 아무리 하찮은 노력이라도 헛되이 사라지지 않음을 깨닫게 될 것이다.

　크리슈나, 석가모니, 예수의 신성은 자기 부정의 최고 영광이며, 죽을 운명과 물질 세계에서 영혼이 순례 여행을 하는 목적이다. 모든 영혼이 그들처럼 신성해질 때까지, 모든 영혼이 자신의 신성을 행복하게 실현할 때까지, 이 세상은 역사의 긴 여행을 끝마치지 않을 것이다.

　힘든 노력 끝에 도달한 희망의 고지高地는 장엄
　영광으로 빛난다.
　전 생애를 통해 많은 업적을 이룬 백발노인의 머리는 빛나는 명예로 감싸인다.
　공정한 방법으로 열심히 이익을 추구하는 사람은

상당한 재산을 얻는다.

천재적인 재능을 발휘하여 일하는 사람의 이름은 명성을 얻는다.

그러나 자아와 죄에 대항하는 무혈의 투쟁에서, 사랑 때문에 희생적인 삶을 채택하는 사람에게는 그보다 더 큰 영광이 기다린다.

그리고 자아를 맹목적으로 숭배하는 자들에게 경멸당하면서 가시 면류관을 받아들이는 사람의 이마는 그보다 더 빛나는 명예로 감싸인다.

그리고 인간의 삶을 감미롭게 만드는 사랑과 진리의 길을 걷기 위해 열심히 노력하는 사람은 그보다 더 많은, 더 순수한 재산을 얻는다.

그리고 인류를 위해 잘 봉사하는 사람은 덧없는 명성을 버리고 그 대신에 영원한 빛, 기쁨과 평화, 그리고 영적인 불꽃의 예복을 취한다.

완전한 평화의 실현

외부 세계에는 끊임없는 혼란과 변화, 그리고 불안이 존재한다. 그러나 만물의 중심에는 어느 것에도 방해 받지 않는 평안의 상태가 있으며, 이 깊은 고요 속에 하나님Eternal이 계신다.

사람에게도 이 이중성이 있어서, 표면의 변화와 동요 그리고 심층에 자리잡은 영원한 평화의 거처는 둘 다 사람 안에 있다.

바다에는 아무리 거센 폭풍도 닿을 수 없는 고요의 심연이 자리잡고 있는 것처럼, 사람의 마음속에는

 죄와 슬픔의 폭풍이 아무리 휘몰아쳐도 방해 받지 않는 고요하고 신성한 심연이 있다. 이 침묵에 도달하고 그 안에서 의식을 가지고 살아가는 것이 바로 평화이다.

 외부 세계에는 너무나 많은 불협화음이 있지만, 우주의 중심에서는 제대로 된 화음이 지배하고 있다. 불협화음의 격정과 슬픔 때문에 상처 받은 사람의 영혼은 아무런 죄도 짓지 않는 협화음의 상태를 향해 맹목적으로 손을 뻗는데, 이 상태에 도달하고 그 안

에서 의식을 가지고 살아가는 것이 바로 평화이다.

증오는 사람들의 사이를 갈라놓고, 박해를 조장하며, 국가를 잔인한 전쟁으로 내몬다. 그러나 사람들은 이유는 잘 모르지만 완전한 사랑이 세상을 보호하고 있다는 믿음을 어느 정도 가지고 있는데, 이 사랑에 도달하고 그 안에서 의식을 가지고 살아가는 것이 바로 평화이다.

그리고 이 내적 평화, 이 침묵, 이 조화, 이 사랑이 바로 천국이다. 이 곳에 다다르기는 매우 어려운 일인데, 그것은 기꺼이 자기 자신을 포기하고 어린아이처럼 되려는 사람이 거의 없기 때문이다.

천국의 문은 매우 좁고 작다.
세상의 헛된 망상에 눈이 먼 어리석은 사람은
그 문을 알아볼 수 없다.
천국으로 가는 길을 알아보고,
천국에 들어가기 위해 애쓰는 현명한 사람도
천국의 문이 잠겨 있고,
그 문을 열기가 어렵다는 것을 알게 된다.
그 문의 육중한 빗장은 자존심과 걱정이며,

탐욕과 정욕이다.

 사람들은 평화를 외친다! 평화를! 반대로 평화가 없는 곳에는 불화, 동요, 그리고 다툼이 있다. 자아포기self-renunciation와 따로 떼어 생각할 수 없는 지혜가 없이는 진정한 불변의 평화가 있을 수 없다.

평화로 인도하는 자제심
 사회적 안정, 한때의 욕구 충족, 또는 세속적인 성공에서 얻어지는 평화는 본래 덧없고 일시적이며, 뜨거운 시련의 불길 속에서 사그라지게 마련이다. 오직 천국의 평화만이 모든 시련을 견뎌 내며, 이기심 없는 마음만이 천국의 평화를 알 수 있다.
 신성함만이 불멸의 평화이다. 자제심은 삶을 그 곳으로 이끌며 계속 늘어가는 지혜의 빛은 순례자를 인도한다. 덕행의 길에 들어서는 순간에 어느 정도는 평화가 이루어진다. 그러나 순수한 삶을 완성함으로써 자아가 사라질 때 비로소 완전한 평화가 실현된다.

자아에 대한 사랑과 삶의 욕망을 극복하는 것,
뿌리 깊은 걱정을 가슴에서 뜯어 내는 것,
마음속 투쟁을 멈추는 것,
이것이 바로 평화이다.

 오, 독자여! 만약 당신이 절대로 희미해지지 않는 빛과 절대로 멈추지 않는 기쁨과 어느 것으로부터도 방해 받지 않는 평온을 깨달으려면, 그리고 당신의 죄, 슬픔, 걱정과 혼란을 영원히 뒤로하고 싶다면, 그리고 이 구원에, 이 최고로 영광스러운 삶에 동참하려면, 당신 자신을 정복하라. 모든 생각, 모든 충동, 모든 욕구를 당신 내부에 있는 신성한 힘에 완전히 복종시켜라. 이것 말고는 평화에 이르는 길이 없다. 이 길을 걷지 않으면, 당신이 아무리 기도를 많이 하고 예배 의식을 엄격히 지킨다고 해도 아무 소용도 없는 헛된 것이 되며, 신도 천사도 당신을 도울 수가 없다. 자기 자신을 이기는 자에게만 새 생명의 반석이 주어지며, 그 위에는 말로 형용할 수 없는 신성한 새 이름이 씌어진다.
 잠시 동안, 외부의 사물로부터, 감각적 쾌락으로부

터, 지성의 논의로부터, 세상의 시끄러운 소란과 흥분으로부터 떠나서 당신 마음속 가장 깊은 방으로 들어가 보라. 그러면 당신은 거기에서 온갖 이기적인 욕구의 무엄한 침입으로부터 자유롭게 된 깊은 침묵, 신성한 평온, 행복한 휴식의 상태를 발견할 것이다. 그리고 그 신성한 장소에서 잠시 쉬면서 명상한다면, 당신 내면에서 진리의 완전무결한 눈이 열려서 사물을 실제 그대로의 모습으로 보게 될 것이다. 당신 내부의 이 신성한 장소는 당신의 영원한 참자아이다. 그것은 당신 안에 있는 신성神性이다. 따라서 당신이 자신을 마음속의 신성과 동일시할 때에만 "영광의 옷을 입었고, 올바른 정신을 가지고 있다"고 말할 수 있다. 마음속의 신성은 평화의 거처이며, 지혜의 신전이며, 영원한 생명의 집이다. 이 내부의 휴식처, 이 통찰력의 산을 떠나서는, 어떤 참된 평화도, 신에 대한 어떤 지식도 있을 수 없다. 그리고 당신이 거기에서 1분이나 한 시간, 또는 하루 동안 머물 수 있다면 영원히 거기에 머무를 수도 있다.

당신은 그 길을 직접 걸어야 한다

당신의 모든 죄와 슬픔, 공포와 불안은 당신 자신의 것이며, 당신은 그것들에 집착할 수도 있고 또는 그것들을 버릴 수도 있다. 당신은 스스로의 의지에 의해 영원한 평화에 다다를 수 있다. 어느 누구도 당신을 대신해서 죄를 그만둘 수는 없다. 당신 스스로 죄를 그만두어야 한다. 아무리 위대한 스승이라도 진리의 길을 스스로 걸음으로써 당신에게 그 길을 가리켜 주는 것 이상은 할 수가 없다. 당신은 직접 그 길을 걸어야 한다. 당신은 영혼을 구속하고 평화를 파괴하는 생각과 말과 행위를 스스로의 노력으로 포기함으로써만 자유와 평화를 얻을 수 있다.

신성한 평화와 기쁨의 천사들은 항상 가까이 있다. 당신이 그들을 보지 못하고, 그들을 듣지 못하고, 그들과 함께 살지 못한다면, 그것은 당신이 그 천사들로부터 스스로를 떼어 놓고서, 마음속에 있는 악의 망령들과 사귀는 것을 더 좋아하기 때문이다. 당신은 당신이 의지意志하는 것, 당신이 바라는 것, 당신이 선호하는 것 그 자체이다. 당신은 자신을 정화하기 시작할 수 있고, 그렇게 함으로써 평화에 다다를 수 있다. 또는, 반대로 자신을 정화하기를 거절함으로써 고통과 함께 머무를 수도 있다.

그렇다면, 한 발 물러서라. 삶의 번민과 흥분에서 벗어나라. 자아의 타는 듯한 열기로부터 멀리 떨어져라. 그리고 평화의 시원한 공기가 당신을 평안하게 하고, 새롭게 하고, 회복시켜 줄 마음속의 휴식처로 들어가라.

죄와 고뇌의 폭풍우로부터 벗어나라. 평화의 안식처가 바로 가까이 있는데, 왜 고통 받고 세파에 시달리고 있는가? 모든 이기주의를 청산하고, 자아를 버려라. 그리고 주위를 둘러보라. 신의 평화가 바로 당신의 것이다!

마음속에 있는 동물적 본능을 정복하라. 모든 이기심의 발동과 모든 독단적 고집을 극복하라. 이기적 본성이라는 비卑금속을 제련하여 순수한 황금인 사랑으로 변화시켜라. 그리하면 완전한 평화의 삶을 실현하게 될 것이다. 이렇게 정복하고 극복하고 변화시킨다면, 오 독자여, 당신은 육체 속에 사는 동안에도 죽을 운명의 어두운 바다를 건널 것이며, 슬픔의 폭풍우가 절대로 몰아치지 않고 죄와 고통과 어두운 의심이 절대로 밀려 올 수 없는 해안에 닿을 것이다. 당신은 그 해안에 서서, 성스럽고 자비로운 마음과 깨인 정신, 그리고 침착한 자세를 가지고 끝없는 즐거움에 기뻐하며 다음과 같은 진리를 깨닫게 될 것이다.

영靈은 결코 태어나지 않았다. 영은
결코 존재하기를 멈추지 않을 것이다.
영이 존재하지 않았던 때는 없다.
시작과 종말은 꿈에 불과하다.
영은 영원히 태어나지도 죽지도 않고,
변화도 없이 머문다.
영의 집인 육체가 죽은 것처럼 보이더라도,
죽음의 손길이 영에게 닿은 적은 한 번도 없다.

   당신은 죄와 슬픔과 고통의 의미를 알게 될 것이며, 그것들로부터의 결과가 바로 지혜라는 것을 알게 되고, 존재의 원인과 결말을 알게 될 것이다. 그리고 이 깨달음으로 말미암아 당신은 평온 속으로 들어갈 것이다. 이 평온이 영원한 생명의 지복至福이고,

불변의 기쁨이며, 구속 받지 않는 이해이고, 순수한 지혜이며, 영원한 사랑이기 때문이다. 이것이, 그리고 이것만이 완전한 평화의 실현이다.

오, 진리의 인간을 가르치려고 하는 자여!
그대는 의심의 사막을 통과했는가?
그대는 슬픔의 불로 불순한 생각들을 깨끗이 씻어 냈는가?
개인적 의견이라는 마귀를 그대의 마음속에서 몰아 냈는가?
그릇된 생각들은 잠시도 마음속에 머물지 못할 정도로
그대의 영혼은 정의로운가?

오, 사랑의 인간을 가르치려고 하는 자여!
그대는 절망의 지점을 통과했는가?
그대는 슬픔의 어둔 밤을 눈물로 지새운 적이 있는가?
그대의 마음은 (이제 슬픔과 근심에서 해방되어)
깊은 동정심과 친절로 가득 차, 세상의 죄와 미움과
끊임없는 스트레스를 연민의 마음으로 바라보고 있는가?

오, 평화의 인간을 가르치려고 하는 자여!
그대는 투쟁의 광대한 대양을 건넜는가?
그대는 삶의 모든 거친 불안에서 해방되어,
침묵과 고요의 나라에 정착했는가?
그대의 마음속은 진리와 사랑과 평화만 남고,
그 이외의 모든 추구는 사라졌는가?